EIN FOHLEN AUS UNSERER STUTE

Christiane Gohl

Ein Fohlen aus unserer Stute

Informationen, Tips und Anregungen
rund ums Züchten

Franckh-Kosmos

Mit 13 Farbfotos von Hugo M. Czerny (1), Christiane Gohl (3), Britta Hilbert-Mylaeus (6) und Hildegard Tollkötter-Büttner (3) sowie 71 Schwarzweißzeichnungen von Reiner Zieger, Berlin.

Umschlaggestaltung von Atelier Jürgen Reichert, Stuttgart, unter Verwendung von Fotos von Tomáš Míček und Hildegard Tollkötter-Büttner.

Die Deutsche Bibliothek —
CIP-Einheitsaufnahme

Gohl, Christiane:
Ein Fohlen aus unserer Stute : Informationen, Tips und Anregungen rund ums Züchten / Christiane Gohl. — Stuttgart : Franckh-Kosmos, 1993
   ISBN 3-440-06599-5

© 1993, Franckh-Kosmos Verlags-GmbH & Co., Stuttgart
Alle Rechte vorbehalten
ISBN 3-440-06599-5
Printed in Germany / Imprimé en Allemagne
Satz: Typomedia Satztechnik GmbH, Ostfildern
Druck und Binden: Huber KG, Dießen

Ein Fohlen aus unserer Stute

Fohlenaufzucht –
Ein besonderes Erlebnis! _____ 7

Checkliste: Wollen Sie wirklich züchten? _____ 8
   Motive zur Zucht _____ 9
   Die Stute _____ 15
   Haltungsbedingungen _____ 17
   Erziehung _____ 20
   Lohnt Zucht sich finanziell? _____ 21

»Familienplanung« – Die Wahl des Deckhengstes _____ 23
   Die Rasse _____ 24
   Das Äußere _____ 25
   Innere Werte _____ 25
   Turniererfolge _____ 26
   Intuition _____ 28

Es wird ernst! – Die Bedeckung _____ 29
   Die Tupferprobe _____ 31
   Rosse _____ 32
   Bedeckung im Freisprung _____ 32
   Bedeckung an der Hand _____ 39
   Künstliche Besamung _____ 39
   Die Trächtigkeitsuntersuchung _____ 41

Die Stute in der Trächtigkeit _____ 43
   Fressen für zwei? – Die richtige Fütterung _____ 45
   »Mutterschutz« oder »Wie steht es mit dem Reiten?« _____ 48

Die Geburt _____ 49
   Wo soll die Stute abfohlen? _____ 49
   Abfohlen in der Herde? _____ 55
   Abfohlen in »Menschengesellschaft«? _____ 57
   Es ist soweit! – Geburtsverlauf _____ 57
   Geburtskomplikationen _____ 62
   Die erste Milch _____ 64
   Die Nachgeburt _____ 68

Fohlens erste Lebenstage _____ 69
   Der erste Ausflug _____ 73
   Darmpechabgang _____ 75
   Bedeckung in der Fohlenrosse? _____ 76
   Weitere Gesundheitsvorsorge _____ 77
   Schutzimpfungen _____ 79

Die »gute Kinderstube« – Fohlenerziehung _____ 80
   So macht man Fohlen halfterzahm _____ 80
   Fohlen lernt Führen _____ 87
   Anbinden _____ 91
   Hufe geben _____ 93

Stutenschau – Der erste Auftritt _____ 96
   Verladen _____ 97
   Schönheitspflege _____ 98
   Auf der Schau _____ 100

Die säugende Stute ———— 102
  Reiten der Mutterstute ——— 102
  Reiten ohne Fohlen ———— 103

Die Sache mit dem Absetzen _ 107
  Sanftes Absetzen ————— 110
  Vorsicht beim Wiedersehen _ 112

Ausblick: Vom Fohlen zum Reitpferd ———————— 114

Anhang – Adressen ———— 116

Register ————————— 119

Zucht verlangt Überlegung und Sachkenntnis.

Fohlenaufzucht – Ein besonderes Erlebnis!

Für Pferdeliebhaber gibt es wohl nichts Schöneres und Aufregenderes als die Aufzucht eines eigenen Fohlens. Es ist faszinierend, zu beobachten, wie ein Pferdekind geboren wird, wie es sich entwickelt und langsam zu einem Reit- oder Fahrpferd heranwächst. Jedenfalls ist das der Idealzustand, der Traum.

Leider wird nicht aus jedem Fohlen das geplante Traumpferd. Nur wer bei Zucht und Aufzucht Überlegung und Sachkenntnis einsetzt und überdies etwas Glück hat, wird sein Idealpferd erhalten. Grund genug, sich auch einmal unbequeme Fragen zu stellen, bevor man sich dazu entschließt, seine Stute zum Hengst zu bringen.

Dieses Buch will Ihnen bei der Entscheidung für oder gegen ein Fohlen aus der eigenen Stute helfen. Es richtet sich speziell an private Pferdehalter und Gelegenheitszüchter und geht auf ihre Fragen und Probleme ein. Sie finden darin Informationen, Tips und Anregungen zu den verschiedensten Themen rund um die Zucht – von der Wahl des Deckhengstes über Trächtigkeit und Geburt bis hin zur Fohlenerziehung ohne Gewalt.

Checkliste: Wollen Sie wirklich züchten?

Fohlenaufzucht macht Spaß — aber die Haltungsbedingungen müssen stimmen.

Jeder Halter einer Stute spielt irgendwann mit dem Gedanken an Zucht. Fohlen sind niedlich, langbeinig, haben Charme..., zudem ist man überzeugt von den Qualitäten seiner eigenen Stute und möchte gern, daß sie ihre besonderen Eigenschaften an ein Fohlen weitergibt.

Trotzdem: Zucht ist etwas, an das man mit kühlem Kopf herangehen sollte, denn mit der Entscheidung, seine Stute decken zu lassen, übernimmt man die Verantwortung für ein lebendes Wesen. Pferde haben – bei artgerechter Haltung – eine Lebenserwartung von über zwanzig Jahren. Sie sollten also nicht nur an die ersten sechs Monate denken, wenn Sie ein Fohlen planen!

Nicht jede Stute ist für die Zucht geeignet, nicht jede Haltungsanlage bietet optimale Bedingungen für die Fohlenaufzucht, und nicht jeder Pferdehalter hat genug Zeit, Geduld und Kenntnisse, um sich der Erziehung eines Fohlens in ausreichendem Maße zu widmen. Die folgende Checkliste soll Ihnen helfen, herauszufinden, ob Zucht sich für Sie lohnt und ob Sie einem Fohlen angemessene Aufzuchtbedingungen bieten können.

Motive zur Zucht

Fohlenaufzucht macht Spaß, ist aber auch teuer und arbeitsintensiv. Wenn Sie sich aus falschen Motiven heraus dazu entschließen, Ihre Stute decken zu lassen, werden Sie wahrscheinlich nicht glücklich mit Ihrem Fohlen.

Hier eine Liste typischer Motive von Stutenbesitzern für die Zucht mit der eigenen Stute:

> **Meine Stute steht allein. Mit einem Fohlen hätte sie Gesellschaft.**

Diesem Zuchtmotiv liegen gleich mehrere falsche Überlegungen zugrunde. Zunächst: Ein Fohlen ist keine geeignete Gesellschaft für die Mutterstute. Die Stute ist damit zwar beschäftigt und langweilt sich vielleicht etwas weniger auf ihrer einsamen Weide, aber für erwachsene Weidekameraden ist das »Kleinkind« kein Ersatz. Zweitens: Ein Fohlen braucht Kontakt mit möglichst vielen anderen Pferden, um zu einem problemlosen Reitpferd heranzuwachsen. Idealerweise sollte es ständig, auf jeden Fall im Rahmen der sommerlichen Weidehaltung, Gesellschaft gleichaltriger Tiere haben. Ein Jungpferd, das langfristig mit der Mutter allein steht, verkümmert seelisch und entwickelt sich körperlich ungenügend. Hinzu kommen Probleme mit dem Absetzen und vieles andere. Schaffen Sie Ihrer Stute also lieber ein erwachsenes Pony oder ein zweites Reitpferd als Gesellschafter an, oder bemühen Sie sich um einen Platz in einer Haltergemeinschaft.

> **Meine Stute wird alt, und ich hätte gern ein Nachwuchspferd.**

Stuten, die regelmäßig zur Zucht eingesetzt werden, können auch noch in relativ hohem Alter gesunde

Das ideale Zuchtalter

Im allgemeinen werden Stuten im zweiten Lebensjahr zum erstenmal »rossig«, also paarungsbereit. Das heißt aber nicht, daß man sie dann bereits belegen lassen sollte. Stuten, die zu jung bedeckt werden, bringen kleine und schwache Fohlen zur Welt. Außerdem stoppt ihre eigene körperliche Entwicklung. Sie bleiben klein, ihre spätere Leistungsfähigkeit als Reitpferd verringert sich, und auch ihre Lebenserwartung sinkt. Stuten sollten also nicht vor dem dritten Lebensjahr gedeckt werden. Mit spätreifen Robustpferderassen wie Isländern züchtet man besser erst ab vier oder fünf.

Wenn über 10 Jahre alte Stuten zum ersten Mal gedeckt werden, ist die Wahrscheinlichkeit der Aufnahme geringer, und es kommt auch eher zu Störungen während Tragzeit und Saugzeit. Es gibt aber auch Beispiele für Stuten, die im hohen Alter zum erstenmal Mutter wurden und noch mehrere gesunde Fohlen zur Welt brachten. So ging beispielsweise das berühmte Springpferd Halla erst mit 18 Jahren, nach seiner erfolgreichen Turnierkarriere, in die Zucht und brachte noch einige Fohlen, die aber nicht annähernd die Klasse ihrer Mutter erreichten.

Auch ältere Stuten können gesunde Fohlen haben.

Ein Fohlen ist nicht die richtige Gesellschaft für eine einsame Stute.

Fohlen zur Welt bringen. Wenn sie allerdings im Alter von über zehn Jahren zum erstenmal gedeckt werden, kommt es häufiger zu Komplikationen während der Trächtigkeit, der Geburt und der Fohlenaufzucht.

> Unsere Kinder wünschen sich ein Fohlen. Sie sollen mit dem Tier zusammen aufwachsen.

Viele Kinder träumen vom eigenen Pferd, das sie von »Fohlenbeinen« an kennen und erziehen. Tatsächlich sind Kinder aber nur selten in der Lage, ein Pferd konsequent auszubilden. Die wenigsten bringen genug Geduld und Engagement auf, jahrelang darauf zu warten, ihr Fohlen endlich reiten zu können. Außerdem werden die reiterlichen Kenntnisse der Kinder oft überschätzt.

Ein Fohlen braucht gleichaltrige Gesellschaft.

Kinder lieben Fohlen — doch meist hapert's an der konsequenten Erziehung!

Wenn Sie sich ein Fohlen anschaffen, so haben Sie damit keinen »Spielgefährten« für Ihre Kinder, sondern ein weiteres »Kind«, das Sie beaufsichtigen und erziehen müssen. Zudem eines, das Ihren Kindern bei unsachgemäßer Behandlung gefährlich werden kann. Entscheiden Sie sich also nur für ein Fohlen, wenn Sie selbst die Bereitschaft und die Kenntnisse dazu besitzen, die Zusatzarbeit auf sich zu nehmen, und verzichten Sie auf jeden Fall auf die Zucht, wenn Ihr Kind der einzige Reiter in der Familie ist und/oder schon mit der Stute nicht immer hundertprozentig zurechtkommt.

> Ich habe Schwierigkeiten mit meiner Stute. Vielleicht wird sie ruhiger, wenn sie erst ein Fohlen hat. Außerdem wird das Fohlen bestimmt umgänglicher.

Wenn zwei Lebewesen im Umgang miteinander Probleme haben, liegt die Schuld selten bei einem allein. Wenn Sie also Probleme mit Ihrer Stute haben, so kann das an Ihrem noch unentwickelten »Pferdeverstand« oder an Ihren Reitkenntnissen ebenso liegen wie an Charakterschwierigkeiten der Stute. Sehr häufig kommt alles zusammen, denn gute Reiter kommen auch mit kapriziösen Pferden zu einer Verständigung. Durch einen Zuchteinsatz Ihrer Stute erledigen Sie keine dieser Schwierigkeiten. Die Trächtigkeit macht das Pferd weder ruhiger, noch verbessert sie Ihre Fähigkeiten im Umgang mit Pferden. Außerdem vererbt sich Charakter ebenso wie andere Eigenschaften, und selbst wenn Sie Ihre Stute einem charakterlich erstklassigen Hengst zuführen, bekommt das Fohlen noch mindestens die Hälfte vom Dickkopf Ihrer Stute. Vergessen Sie also vorerst den Gedanken an Zucht und bemühen Sie sich z.B. im Rahmen eines Reitkurses um ein besseres Verhältnis zu Ihrer Stute.

> Meine Stute ist nicht mehr reitbar, aber zur Zucht kann man sie noch einsetzen.

Hier stellt sich die Frage, warum die Stute nicht mehr geritten werden kann. Handelt es sich um einen verletzungsbedingten Ausfall und erklärt der Tierarzt sein Einverständnis, so ist nichts gegen einen Zuchteinsatz zu sagen. Bei vielen Pferden sind Probleme mit Knochen und Sehnen allerdings anlagebedingt. Eine Stute, die schon in jungen Jahren an Spat oder Hufrollenentzündung erkrankt, sollte nicht in die Zucht genommen werden, da sie auch ihren Fohlen die Anlage zu diesen Erkrankungen vererben wird.

> Bei uns im Verein züchten jetzt alle. Wir wollen die Fohlen zusammen aufziehen. Das wird billiger, als irgendwann mal ein neues Pferd zu kaufen.

Besonders in Reitervereinen, die in der Anschaffung teure Pferderassen (Isländer, Quarter Horses, wertvolle Warmblüter deutscher Zuchten) betreuen, wird Zucht manchmal regelrecht Mode. Irgend jemand fängt damit an und rechnet den anderen vor, um wieviel preiswerter es wäre, Fohlen selbst aufzuziehen, als sich sein späteres Nachwuchspferd zu kaufen. Jedenfalls dann, wenn sich mehrere Vereinsmitglieder zusammentun, um sich für eine Decksaison einen Hengst zu leihen, anschließend eine Aufzuchtweide zu pachten usw.

Lassen Sie sich von solchen Überlegungen nicht beeinflussen. Fohlenaufzucht ist nicht so unproblematisch, wie es sich am Stammtisch anhört. Fohlen brauchen Erziehung, medizinische Versorgung, letztlich einen qualifizierten Beritt. Wenn Sie die Kosten zusammenrechnen, kommen Sie höchstwahrscheinlich auf etwa die Summe, die auch ein erwachsenes Pferd kosten würde. Hinzu kommt das Risiko. Nicht jedes Fohlen überlebt die ersten Jahre, und nicht jedes Fohlen bringt die Anlagen dazu mit, ein optimales Reitpferd zu werden. Mehr zu diesem Thema im Kapitel »Lohnt Zucht sich finanziell?«

Die Stute

> Ich gehe gern mit jungen Pferden um und hätte gern Nachwuchs, der meiner Stute ähnelt.

Dies ist der beste aller Gründe, eine Stute zum Hengst zu bringen. Sie kennen Ihre Stute und mögen sie mit all ihren Vorzügen und Schwächen. Außerdem haben Sie Erfahrung mit jungen Pferden und Freude an der Arbeit mit ihnen. Wenn Sie jetzt noch den richtigen Hengst auswählen, haben Sie gute Chancen, Ihr Traumpferd zu züchten.

Es ist sehr erfreulich, wenn Sie Ihre Stute für »die Krone der Schöpfung« halten. Diese Einschätzung beweist, daß Sie sie lieben und auch reiterlich gut mit ihr zurechtkommen. Sie ist aber nicht unbedingt ein Argument dafür, Ihre Stute auch zur Zucht einzusetzen, insbesondere dann, wenn Sie keine Möglichkeit sehen, das Fohlen sein Leben lang zu behalten.

Stellen Sie sich vor der Entscheidung für oder gegen die Zucht mit Ihrer Stute folgende Fragen:

Nur wer Freude an der Ausbildung von Jungpferden hat, sollte züchten!

Hat die Stute Papiere?

Für Sie ist es vielleicht unwichtig, ob Ihr Liebling einen Abstammungsnachweis besitzt oder nicht. Für das Fohlen kann es aber bedeutsam sein, denn eine gute Abstammung bietet ihm Sicherheit. Für Pferde mit Papieren wird im allgemeinen mehr Geld bezahlt, und sie werden auch dementsprechend pfleglicher behandelt. So landen wertvolle Pferde z.B. seltener auf zweifelhaften Pferdemärkten, man gibt sich mehr Mühe mit ihnen, wenn sie charakterliche oder gesundheitliche Probleme zeigen usw. Natürlich kann man das nicht generell sagen. Auch Pferde mit Papieren können in schlechte Hände geraten, und andererseits sind viele geliebte und wohlversorgte Freizeitpferde »selbstgestrickt«. Im großen und ganzen trifft es aber zu. Wenn Sie also vorhaben, das Fohlen zu verkaufen, sollten Sie grundsätzlich nur mit eingetragenen Stuten züchten.

Eingetragene Stuten unterscheidet man in der BRD nach Vorbuch-, Stutbuch- und Hauptstutbuchstuten, je nachdem, wie weit die Abstammung nachgewiesen ist. Besonders hochprämierte Pferdedamen dürfen sich mitunter auch »Elitestuten« oder »Staatsprämienstuten« nennen. Verschiedene Landeszuchtverbände und Rassenzuchtverbände haben da unterschiedliche Regelungen. Ihre Adressen finden Sie im Anhang.

Entspricht die Stute den Rassestandards?

Mitunter haben Stuten zwar Papiere, sind aber von Bau und Temperament her wenig gelungen. Auch ihren Zuchteinsatz sollte man sich gründlich überlegen.

Andererseits finden sich manchmal papierlose Pferde, die außergewöhnlich gute Reitpferdepoints aufweisen. Stellen Sie solche Pferde versuchsweise dem für Ihr Bundesland zuständigen Pferdezuchtverband vor. Vielleicht gibt es Möglichkeiten, sie in ein Vorbuch zu übernehmen oder zumindest dem Fohlen

---

AUF EINEN BLICK

Haltungsanlagen
Haltungsanlagen, in denen Fohlen aufwachsen, sollten
- sicher mit einem Holzzaun eingezäunt sein,
- dem Fohlen reichlich Auslauf gewähren,
- Platz für die Gemeinschaftshaltung mehrerer Pferde bieten,
- luftige, aber zugfreie Unterstände mit trockenen Liegeplätzen enthalten,
- regelmäßig auf gefahrenträchtige Umstände wie vorstehende Nägel, herumhängende Heunetze o.ä. untersucht werden,
- stets sehr sauber gehalten werden.

durch die Wahl des richtigen Hengstes Vorbuchpapiere zu sichern. Die Anfrage kann sich lohnen.

> Ist die Stute gesund und charakterlich einwandfrei?

Wie oben schon gesagt, vererben sich die Anlagen zu bestimmten Krankheiten und Charakterfehlern. Überlegen Sie sich bitte genau, ob Sie anfällige oder schwierige Pferde zur Zucht einsetzen wollen.

Was das Alter angeht, so sollte eine Stute idealerweise zwischen drei und sieben Jahren zum erstenmal gedeckt werden, spätreife Rassen (Isländer) zwischen vier und zehn.

Haltungsbedingungen

Ein Fohlen kann sich nur dann gut entwickeln, wenn optimale Aufzuchtbedingungen gegeben sind. In den üblichen Reitställen, in denen Pferde in Boxen gehalten werden und nur seltenen oder gar keinen Auslauf haben, ist das nicht der Fall. Grundsätzlich brauchen alle Pferde viel frische Luft, Gelegenheit zu freier Bewegung und Kontakt zu Artgenossen. Für ein junges Pferd trifft das in noch höherem Maße zu. Fohlen reagieren auf jeden Haltungsfehler sensibler als erwachsene Pferde. Stallmief und Bewegungsmangel machen sie krank, Einsamkeit depressiv. Züchten Sie also

ne Zuchtstute sollte den Rassestandards entsprechen.

Gesunde und charakterlich einwandfreie Stuten bringen gute Fohlen.

grundsätzlich nur dann, wenn Sie Ihre Stute artgerecht halten und auch dem Fohlen ein pferdegerechtes Leben bieten können. Ideal ist Offenstallhaltung mit ganztägigem Weidegang, aber auch die Haltung in großen, luftigen Boxen mit Blick nach draußen und mehrstündigem Auslauf am Tag ist in Ordnung. Das Fohlen sollte von Anfang an Kontakt mit anderen Pferden haben, wenn eben möglich mit gleichaltrigen. Auch Jährlinge und Zweijährige sind ihm oft noch gute Spielkameraden.

Suchen Sie also schon in der Planungsphase Kontakt zu anderen Stutenbesitzern, die ebenfalls züchten wollen. Vielleicht können Sie sich zusammentun und die Fohlen nach dem Absetzen gemeinsam aufwachsen lassen. Wenn man selbst über genügend Aufzuchtweiden verfügt, findet man im allgemeinen leicht Gesellschaft für sein Fohlen. Private Pensionsplätze bei pferdekundigen Leuten sind heiß begehrt. Beachten Sie aber, daß Fohlen noch nötiger als erwachsene Pferde Weiden mit absolut sicherer Einzäunung brauchen.

HALTUNG | 19

Fohlen brauchen artgerechte Haltungsbedingungen.

AUF EINEN BLICK

Die Zuchtstute
Züchten Sie nur mit Stuten, die
- über einen vollständigen Abstammungsnachweis verfügen,
- den Standards ihrer Rasse weitgehend entsprechen,
- gesund und charakterlich in Ordnung sind.

Stacheldrahtbewehrte Wiesen kommen nicht in Frage, ideal ist ein Holzzaun mit zusätzlicher Elektrozaunsicherung. Zudem braucht die Aufzuchtweide einen Unterstand oder zumindest Bäume, die Schatten oder Zuflucht vor Regengüssen spenden.

Sucht man einen Pensionsplatz für ein Jungtier, so wird man am leichtesten auf einem Gestüt fündig. Große Gestüte bieten oft optimale Aufzuchtmöglichkeiten, also große Weiden und Laufställe im Winter. Die Unterkunft dort ist jedoch teuer, und mit individueller Betreuung kann nicht gerechnet werden.

Erziehung

Fohlen brauchen von Anfang an eine fundierte Erziehung, womit weniger eine »feste« als eine kundige Hand gemeint ist. Je mehr man sich mit ihnen beschäftigt, desto einfacher wird später das Anreiten und desto befriedigender ihr Einsatz als Reitpferd.

Fohlenerziehung wird in normalen Reitställen nicht gelehrt. Die Fähigkeit dazu ist dem Menschen aber auch nicht angeboren. Voraussetzung zur erfolgreichen Ausbildung eines Jungpferdes ist also das Belegen von Kursen (Adressen im Anhang) oder das Wälzen von Büchern. Grundsätzlich ist ein hoher Zeitaufwand nötig; Unterlassungen rächen sich später immer. Überlegen Sie sich gut, ob Sie diese Zeit erübrigen können und ob Sie überhaupt Gelegenheit dazu haben. Wenn Sie z.B. weit entfernt von der Haltungsan-

Liebevolle Erziehung schafft problemlose Reitpferde.

Selbstvertrauen und Eigeninitiative des Jungpferdes werden durch richtige Arbeit gefördert.

lage wohnen, in der Ihr Fohlen aufwächst, stehen die Chancen schlecht, denn Sie können ein Jungpferd nicht erziehen, wenn Sie es nur zweimal in der Woche sehen.

Natürlich können Sie auch andere Menschen damit beauftragen, sich um Ihr Fohlen zu kümmern. Aber wirklich qualifizierte Ausbilder tun das in der Regel nicht umsonst. Irgendein Pferdemädchen, das Ihr Fohlen »so süß« findet und es zu gern putzen und herumführen möchte, sollten Sie auf keinen Fall mit der Sache betrauen. Es ist damit mit Sicherheit überfordert. Unterschätzen Sie nie die Gefahr, die von einem unsachgemäß behandelten Jungpferd ausgeht! Fohlen sind »Kleinkinder« mit der Kraft erwachsener Männer. Sie können unkundige Pfleger im Spiel ernsthaft verletzen!

Lohnt Zucht sich finanziell?

Im Regelfall kann man diese Frage mit einem klaren »Nein« beantworten. Zucht lohnt sich ausschließlich dann, wenn man über eigene Stallun-

Fohlenaufzucht ist nicht billig.

gen, eigenes Weideland und eigene Heuwiesen verfügt. Man sollte mehrere Stuten und am besten auch einen eigenen Deckhengst haben, denn »im Dutzend« ist bekanntlich alles billiger, vom Kraftfutter bis zur Tierarztversorgung.

Von Ausnahmefällen abgesehen rentiert sich der Verkauf von selbstgezogenen Pferden allenfalls, wenn sie dreijährig (bei Isländern fünfjährig) und angeritten abgegeben werden. Wer mit Pferden Geld verdienen will, sollte also auch über die Qualifikation verfügen, sie soweit auszubilden, daß ein Käufer damit zufrieden ist.

Wenn man das Fohlen für sich selbst züchtet, es also behalten möchte, rentiert sich die Zucht ebenfalls nur dann, wenn keine Berittkosten anfallen und wenn das Fohlen so wird, wie man sich sein Reitpferd vorgestellt hat. Die Aufzucht eines gang- und exterieurmäßig guten Fohlens kostet ebensoviel wie die eines schlechten. Wenn Zucht sich also lohnen soll, so müssen Elternwahl und Aufzuchtbedingungen optimal sein.

Idealerweise sollten Sie sich die Frage nach finanziellen Vorteilen durch Zucht mit Ihrer eigenen Stute aber gar nicht stellen. Der Arbeits- und Zeitaufwand lohnt sich nämlich nur dann, wenn Sie schon aus der Planung des Fohlens, der Hengstwahl, der Beobachtung der Trächtigkeit und schließlich der Beschäftigung mit Ihrem selbstgezogenen Pferdekind Freude, Erfolgserlebnisse und Entspannung vom Alltagsstreß ziehen. Dann — und nur dann — ist Ihr eigenes Fohlen unbezahlbar!

»Familienplanung« — Die Wahl des Deckhengstes

Zur Wahl des geeigneten Vatertieres geben die Zuchtverbände dem Züchter Hilfen an die Hand, indem sie Körungen durchführen. Das sind Musterungen, bei denen die besten Junghengste eines Jahrgangs ausgewählt — »gekört« — werden. Später müssen sie dann noch verschiedene Eignungsprüfungen unter dem Sattel ablegen, bevor sie endgültig den Titel eines »leistungsgeprüften Deckhengstes« führen dürfen. Nur Fohlen dieser außergewöhnlichen Tiere erhalten später Papiere des jeweiligen Zuchtverbandes. Es empfiehlt sich also, seine Stute einem von ihnen zuzuführen und nicht dem Hengst von nebenan, den sein Besitzer nur deshalb nicht legen läßt, weil er Hengstreiten so schick findet.

Auch unter den gekörten Hengsten gibt es jedoch Unterschiede — charakterlich, exterieurmäßig und gangmäßig. Ihr Fohlen kann nur dann wirklich gut werden, wenn die Gene seines Vaters sich mit denen

Bei der Körung werden die besten Hengste ausgewählt.

seiner Mutter optimal ergänzen. Geben Sie sich also große Mühe mit der Hengstwahl.

Die Rasse

Im allgemeinen sollten Sie Ihre Stute einem Hengst der eigenen Rasse zuführen. Kreuzungen sind nicht nur vom allgemein züchterischen Standpunkt fragwürdig, sie sind auch kompliziert und ergeben selten genau das, was man sich erhofft. Besonders die Kreuzung sehr unterschiedlicher Rassen bringt oft Pferde hervor, deren Exterieur man bestenfalls als »ulkig« bezeichnen kann. Zum Reiten sind sie wenig geeignet, und oft erwartet sie ein trauriges Schicksal. Vergessen Sie also alle »Kaltblut mal Araber«-Träume! Aber auch die Kreuzung einander ähnlicher Rassen birgt Gefahren. Hier sind die Ergebnisse zwar oft bildhübsch, zeigen aber charakterliche Probleme. Denken Sie nur an die vielen übernervösen Deutschen Reitponys, die aus der Züchtung bodenständiger Rassen mit Arabischen Pferden entstanden sind.

Mitunter zeigen sich auch Probleme bei der Fellstruktur extremer Kreuzungsprodukte wie etwa »Araber mal Isländer«. Die Tiere eignen sich dann nicht mehr für eine natürliche Haltung, weil sie bei jedem Schauer »durchregnen«.

Viele Besitzer kleiner Stuten neigen dazu, sie von größeren Hengsten decken zu lassen und weichen dazu auf Hengste größerer Rassen aus. Von solchen Versuchen, auf Biegen und Brechen ein größeres Foh-

Wählen Sie Rassehengste — auch wenn das Fohlen »nur« ein Kinderpony werden soll.

len zu erzeugen, ist unbedingt abzuraten. Zwar ist es von der Natur so eingerichtet, daß die Größe eines Fohlens sich zu 70% am Stockmaß der Stute orientiert, aber bei sehr starken Größenunterschieden zwischen Hengst und Stute kommt es trotzdem oft zu Deckverletzungen und Geburtskomplikationen.

Das Äußere

Wenn Sie einen gekörten Hengst wählen, so können Sie sicher sein, daß das Tier den Standards seiner Rasse in hohem Maße entspricht. Bei Ihrer Stute ist das möglicherweise nicht der Fall. Ideal wäre also eine Anpaarung mit einem Hengst, der ihre Fehler ausgleicht. Leider ist Zucht kein Rechenexempel. Wenn z.B. der Hals Ihrer Stute zu tief angesetzt ist, nutzt es nichts, nun nach einem Hengst zu suchen, der einen extrem hoch angesetzten Hals hat. Besser ist die Wahl eines Tieres mit ganz korrektem Halsansatz.

Nicht jeder Hengst vererbt überdies sein Exterieur in gleichem Maße. Es gibt »Stempelhengste«, deren Fohlen sich gleichen wie ein Ei dem anderen, und andere, die sehr stark streuen. Manche vererben Exterieurprobleme, die sie selbst gar nicht aufweisen. Die Neigung dazu hat dann einfach eine Generation übersprungen! Wenn Sie auf Nummer Sicher gehen wollen, wählen Sie einen älteren, bewährten Zuchthengst und sehen sich vorher mehrere seiner Kinder an. Achten Sie dabei auch auf den Charakter!

Stempelhengste vererben ihre Schönheit.

Innere Werte

Man kann es nicht oft genug wiederholen: Die Neigung zu charakterlichen Problemen vererbt sich ebenso wie die zu Gebäudefehlern. Leider ist einem Hengst sein Charakter nicht auf den ersten Blick anzusehen. Die meisten Deckhengste sind in der Hand von Profireitern und -züchtern, die ihnen keine Verhaltensauffälligkeiten durchlassen. Zudem werden sie in der Regel nicht artgerecht gehalten, so daß man nie weiß, ob Unruhe und Aggressivität haltungs- oder wesensbedingt sind.

Insofern hilft hier nur ein intensives Hinhören bei Züchtergesprächen bzw. möglichst viel Kontakt mit Leuten, die bereits Fohlen Ihres Traumhengstes haben. Fragen Sie auch erfahrene Züchter, die selbst keinen Hengst halten, nach dem Ruf, den Ihr erwähltes Vatertier in der Szene hat. Die Antwort, die Sie darauf erhalten, ist nicht immer richtig. Zwischen Hengsthaltern herrscht große Konkurrenz, und oft gerät ein Hengst zu Unrecht in Verruf. Trotzdem: Vorsicht bei Hengsten, die von verschiedenen Seiten als aggressiv beschrieben werden!

Turniererfolge

Viele Hengsthalter zeigen ihre Tiere auf Turnieren. Besonders die Vertreter von Gang- und Westernpferderassen sind oft in Aktion zu sehen. Für Warmbluthengste führen die Zuchtverbände Gewinnlisten, so daß man den Hengst mit den im Turniersport erfolgreichsten Nachkommen ausmachen kann.

Für Stutenbesitzer ist es natürlich reizvoll, ihr Familienpferd vom Eu-

Spitzenturnierpferde — Ausnahmepferde mit optimaler Förderung

Zutrauliches Wesen vererbt sich ebenso wie Schönheit und Gangwerk.

ropameister im Fünfgang, dem Cutting-Champion oder dem Vater des letzten Olympiasiegers decken zu lassen. Wenn der Hengst im Rennpaß durch die Bahn schießt, sich blitzschnell auf der Hinterhand herumwirft oder locker über 1,80-Hürden springt, vergißt man leicht die langweiligen Überlegungen zu Exterieur und Charakter. Aber überlegen Sie: Möchten Sie mit einem hypertemperamentvollen Renner auf die nächste Bundesstraße zuschießen? Bleiben Sie oben, wenn Ihr Jungpferd den perfekten Roll Back ausführt, weil es vor einem Kaninchen scheut? Wie hoch ist Ihre Weideeinzäunung?

Spitzenturnierpferde sind Ausnahmepferde mit optimaler Förderung. Ein Pferd, das unter einem Profireiter Europameister wird, zeigt sich unter Normalreitern oft als Durchgänger. Denn Ausnahmepferde sind auch die »Diven« unter den Reitpferden. Vermenschlicht gesehen könnte man viele von ihnen mit großen Filmstars, Spitzenliteraten oder anderen schillernden Persönlichkeiten vergleichen: bestimmt Genies — aber gute Freunde und Lebenspartner?

Bedenken Sie all das, bevor Sie sich für die Zucht mit einem Champion entschließen. Vielleicht steht neben ihm ein Hengst mit sanften, freundlichen Augen, korrektem Exterieur und zutraulichem Wesen. Kein Überflieger, aber einer, der Ihnen auf Anhieb sympathisch ist. Wahrscheinlich werden Sie mit seinem Fohlen viel glücklicher werden!

Intuition

Wer seine Stute gut kennt, wird manchmal auch intuitiv den richtigen Hengst für sie auswählen. Wenn Sie beim Anblick eines Hengstes spontan das berühmte »Der-oder-keiner«-Gefühl haben, liegen Sie damit meistens richtig.

Das muß nicht einmal etwas mit besonderer Sensibilität oder gar PSI zu tun haben. Der Hengst spricht Sie wahrscheinlich einfach deshalb an, weil er ähnliche Merkmale aufweist wie Ihre Stute – die haben Sie sich schließlich auch ausgesucht, weil sie Ihnen gefiel. Nur ist der Hengst vielleicht noch etwas perfekter und weist Eigenheiten auf, die Sie sich von Ihrer Stute immer gewünscht haben. Er erscheint Ihnen als eine gute Ergänzung, und in der Regel macht man mit solchen Anpaarungen auch beste Erfahrungen. Lassen Sie sich also von niemandem davon abraten und vergessen Sie Argumente wie »Die Linie paßt aber nicht«. Auch wenn Profizüchter anderer Ansicht sein sollten – wichtig ist das Zusammenpassen zweier Individuen, nicht zweier Familien. Und noch wichtiger ist, daß das Ergebnis dieser Verbindung Ihnen gefällt!

Es wird ernst! — Die Bedeckung

Wenn eine Stute bereit ist, den Hengst aufzunehmen, so nennt man das »Rosse«. Der Zyklus umfaßt bei Pferden 21 Tage. Davon ist die Stute ca. 6 Tage rossig. Die Neigung zur Bildung befruchtungsfähiger Eier, die die Rosse auslöst, ist im Mai, Juni und Juli am höchsten. Das hängt mit dem zunehmenden Licht im Frühjahr zusammen, welches die Hirnanhangdrüse zur Produktion von Fruchtbarkeitshormonen anregt. Auch beim Hengst sorgen die Hormone im Frühjahr für vermehrte Bildung und stärkeres Wachstum von Samenzellen.

Das alles ist von der Natur sehr sinnvoll eingerichtet: Die Stuten sollen im Mai/Juni gedeckt werden, damit die Fohlen im April/Mai zur Welt kommen. In diesen Monaten finden sie nämlich eine warme Welt mit frischem Gras vor, das gehaltvolle Stutenmilch und damit gesunde Fohlenentwicklung garantiert.

Die heute übliche Methode, Stuten im Februar/März decken zu lassen und die daraus entstehenden Fohlen zwischen Januar und Mai im Stall zu halten, mag kommerziell interessant sein. Pferdefreundlich ist sie nicht. Wenn Sie Ihrem Fohlen also einen optimalen Start ins Leben gönnen wollen, bringen Sie Ihre Stute nicht vor Mai zum Hengst.

Im allgemeinen nimmt eine Stute, die weder zu mager noch zu fett ist und viel Bewegung in frischer Luft

---

Der Zyklus bei Stuten

Der Geschlechtszyklus bei Stuten dauert 20 bis 23 Tage. In einem der Eierstöcke reift dabei ein Follikel heran, der auf dem Höhepunkt der Rosse, beim Eisprung, befruchtungsfähig wird.

Die Stute läßt sich während der gesamten Rosse decken, wird aber nur von dem Sprung tragend, der dem Follikelsprung am nächsten liegt.

Beim Urwildpferd erfolgte nur im Frühjahr eine starke Rosse sowie, wenn die Stute dabei nicht belegt wurde, eine schwächere Herbstrosse. Auch beim »modernen« Reitpferd findet die größte und deutlichste Zyklusfolge im Frühjahr statt, eine weitere im Spätsommer. Je später es wird, desto kürzer, aber intensiver wird die Rosse.

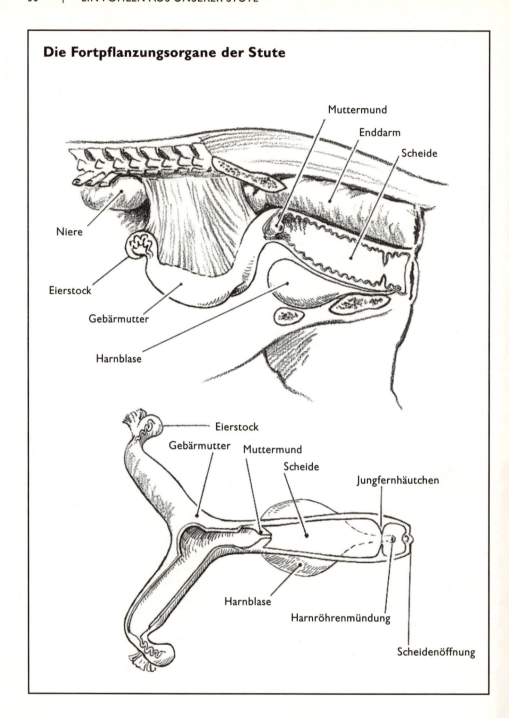

hat, gut auf. In Gruppenhaltung lebende Stuten rossen deutlicher als Boxpferde. Schönes Wetter steigert die Bereitschaft zum Sex, bei Kälte dagegen kann die Rosse ganz ausbleiben. Lassen Sie Ihre Stute also lieber etwas länger im Gestüt, wenn es anhaltend kalt und regnerisch ist.

Die Tupferprobe

Seriöse Gestüte verlangen vor der Bedeckung eine Tupferprobe, die nicht älter als 14 Tage sein darf. Dazu wird ein Spekulum in die Scheide der Stute eingeführt und mit einem sterilen Tupfer etwas Cervicalschleim entnommen. Dieser wird später auf Keime untersucht, die beim Geschlechtsakt übertragbar sind.

Es empfiehlt sich, die Tupferprobe so früh wie möglich machen zu lassen. Falls sie positiv ausfällt, ist dann nämlich noch vor dem vereinbarten Anlieferungstermin im Gestüt eine Behandlung möglich.

Viele Stuten reagieren äußerst unwillig auf die für die Tupferprobe notwendigen Manipulationen in ihrem Intimbereich. Wenn kein Behandlungsstand zur Verfügung steht, um sie zu bändigen, kann man sie zur Untersuchung auf den Pferdehänger stellen. Bei sehr verspannten

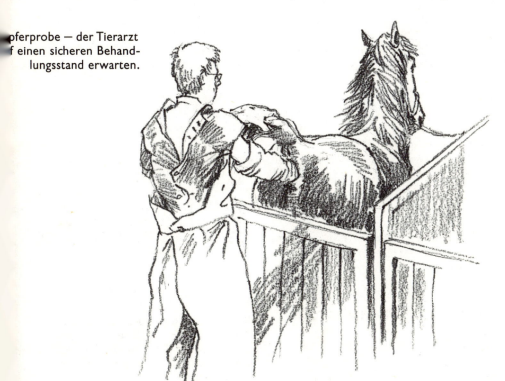

pferprobe — der Tierarzt einen sicheren Behandlungsstand erwarten.

Stuten hilft der Einsatz einer Nasenbremse. Die dadurch im Gehirn freiwerdenden beruhigenden Stoffe bewirken eine Muskelentspannung.

Übrigens werden auch Deckhengste vor dem Einsatz auf Keimbefall untersucht, was dem Schutz Ihrer Stute dient. Der nicht gekörte Hengst in der Nachbarschaft bietet diese Sicherheit nicht.

Rosse

Viele Stuten zeigen sehr deutlich, wann sie bereit sind, den Hengst aufzunehmen. Sie sind dann kitzelig und unruhig oder auch auffallend träge. Häufig ist das sogenannte »Blitzen«, ein zuckendes Öffnen und Schließen der Schamlippen. Dazu postiert sich die Stute vor männlichen Weidegefährten oder noch häufiger vor fremden Pferden. Oft uriniert sie dabei.

Bei Vertreterinnen von Robustrassen verläuft die Rosse oft eher still. Nur der Hengst — oder der abtastende Tierarzt — erkennt dann, wann der Zeitpunkt zur Bedeckung da ist. Die Stute zieht die Untersuchung durch den Hengst im allgemeinen vor.

Und dabei wären wir auch schon bei der Frage nach der optimalen Bedeckungsart.

Bedeckung im Freisprung

In der freien Natur leben Pferde in Gruppen, die aus einem Hengst und mehreren Stuten bestehen. Der Hengst bedeckt die Stuten jeweils dann, wenn der optimale Zeitpunkt dafür gekommen ist. Der Bedeckung geht ein erregungs- und fruchtbarkeitsförderndes Vorspiel voraus. Die Befruchtungs- und Abfohlrate ist dann sehr hoch.

Auch bei domestizierten Stuten und Hengsten ist der Natursprung die beste und erfolgversprechendste Bedeckungsmethode. Die Stuten werden dazu einige Tage vor der Zusammenführung mit dem Hengst auf einer großen Deckweide gesammelt. Wenn dann der Hengst dazukommt, findet er eine Gruppe vor, in der die Rangordnung bereits ausgemacht ist und die Stuten sich kennen. Normalerweise wird er sie gern als Familie annehmen und auch Fohlen, die mit ihren Müttern dazugehören, freundlich behandeln. Die Herde bleibt dann vier bis sechs Wochen zusammen, eine Zeit, in der jede Stute mindestens einmal rossig wird und belegt werden kann.

Leider zeigen nicht mehr alle Hengste ein natürliches Verhalten, und auch nicht alle Stuten ordnen sich problemlos in eine Herde ein. Besonders bei Pferderassen, die heute hauptsächlich in Boxen gehalten werden, findet man deshalb kaum Gestüte, die Decken im Freilauf anbieten. Hier empfiehlt es sich,

Rechte Seite: In der Abstammung werden die Väter meist zuerst genannt, aber Charakter und Gebäude der Mutter sind genauso wichtig für den zukünftigen Nachwuchs.

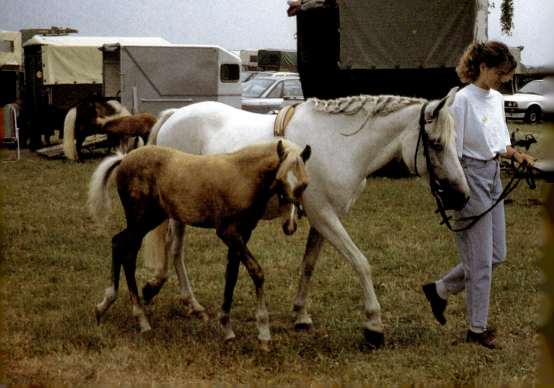

Der Geruch der rossigen Stute bringt den Hengst zum Flehmen.

die Besitzer von Privathengsten nach Ausnahmeregelungen zu fragen.

Aber auch unter naturnäher gehaltenen Rassen gibt es Hengste, die Stuten jagen, prügeln, zur Bedeckung zwingen oder auch ganz ablehnen. Wenn Sie das von einem Hengst wissen, wählen Sie einen anderen, auch wenn das Tier bildschön und mehrfacher Europameister ist! Die Neigung zu unnatürlich aggressivem Verhalten vererbt sich stark.

Ein weiterer oft genannter Nachteil des Natursprungs ist, daß man das Bedeckungsdatum nicht genau kennt. Da Stuten aber ohnehin keine Computer sind und man auch bei bekannten Deckdaten nie sicher sein kann, ob sie am errechneten Termin abfohlen oder nicht, ist dieses Argument irrelevant.

Linke Seite: Die besten Aussichten auf typvollen Nachwuchs bestehen, wenn schon die Mutter ihren Rassetyp möglichst vollkommen verkörpert.

Das »Treiben« der Stute durch den Hengst ist ein wesentlicher Teil des Vorspiels.

Die Bedeckung im Freisprung ist die natürlichste.

Paarungsverhalten

Wenn eine Stute im Freilauf gedeckt wird, ist das mit viel Bewegung verbunden. Hengst und Stute nehmen ersten Kontakt miteinander auf, indem sie sich beriechen, blubbern, schnauben und quietschen. Die Stute zeigt dem Hengst ihre Deckbereitschaft, indem sie sich vor ihm aufstellt, blitzt und uriniert. Der Hengst zeigt sich interessiert, beriecht sie und flehmt ausgiebig. Sie läßt sich dann aber nicht sofort decken, sondern läuft in der Regel zunächst weg. Der Hengst treibt sie, kneift sie und regt damit ihre Bereitschaft, sich decken zu lassen, noch mehr an.

Schließlich beißt er mehr oder weniger sanft in ihre Mähne und springt auf. Ein erfahrener Hengst betreibt das Vorspiel mit Akribie, denn wenn die Stute noch nicht wirklich paarungsbereit ist, riskiert er Schläge. Im Verlauf von drei bis vier Tagen wiederholt sich dieses Spiel mehrfach, und die Stute wird immer wieder bedeckt. Die Bedeckungsziffern im Natursprung liegen bei gesunden Hengsten und Stuten bei weit über 90 Prozent.

Im allgemeinen läßt sich eine Stute nach erfolgreicher Belegung nicht mehr decken. Ausnahmen bestätigen hier jedoch die Regel. Es gibt Stuten, die auch noch in hohem Trächtigkeitsstadium deutlich rossen und Interesse an männlichen Tieren zeigen.

Die Bedeckung in der Herde garantiert eine hohe Fruchtbarkeitsquote.

Bedeckung an der Hand

Hierzu wird die – hoffentlich – rossige Stute in einen Deckstand geführt. Dann wird der Hengst herangebracht und darf probieren, ob sie deckbereit ist oder nicht. Wenn ja, deckt er sie, ob sie will oder nicht. Falls sie den Hengst – noch – ablehnt, hat sie keine Ausweichmöglichkeit. Oft werden sogar die Hinterbeine gefesselt, um sie am Ausschlagen zu hindern. Schließlich stellt ein Deckhengst ein Kapital dar, und da will der Hengsthalter kein Verletzungsrisiko eingehen.

Wie rigoros dieses Verfahren gehandhabt wird, ist je nach Gestüt verschieden. Manche arbeiten sehr einfühlsam, lassen Hengst und Stute lange »flirten« und versuchen es lieber noch einmal, bevor sie eine »Vergewaltigung« und Deckverletzungen riskieren. Andere gehen fabrikmäßiger vor: Beine fesseln, Schweif hochhalten, Hengst kommen lassen – die nächste!

Bringen Sie Ihre Stute auf keinen Fall in Betriebe, in denen Fohlen, die mit ihren neu zu bedeckenden Müttern kommen, während des Deckaktes allein in der Box gelassen werden. Das Entsetzen dieser plötzlich verlassenen Pferdekinder und die Erregung ihrer Mütter bringt Unruhe in den ganzen Stall. Ordentliche Gestüte stellen einen zusätzlichen Helfer ab, der das Fohlen bei der Mutter hält, während sie bedeckt wird.

Künstliche Besamung

In der Warmblutzucht ist künstliche Besamung mit Frischsamen oder tiefgekühltem Sperma seit langem gebräuchlich. Auch im europäischen Ausland ist die Methode zum Teil

Bedeckung an der Hand

Die Fortpflanzungsorgane des Hengstes

In den Hoden, den männlichen Keimzellen, werden Samenzellen produziert und dann in den Nebenhoden gelagert. Während des Geschlechtsaktes gelangen die Spermien durch den Samenleiter zur Harnröhre. Sie fungiert als Ausgang für Harn und Sperma.

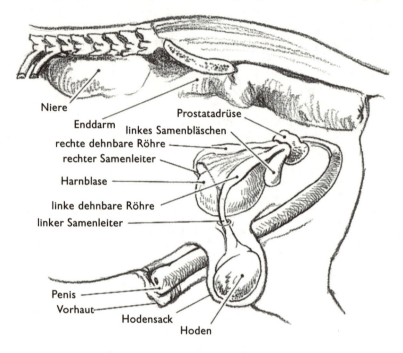

schon sehr verbreitet. Man erzielt damit oft höhere Bedeckungsziffern als beim Sprung an der Hand.

Künstliche Besamung hat vor allem da ihre Vorteile, wo man sich ein Fohlen von einem weit entfernt oder gar im Ausland stehenden Hengst wünscht. Grenzübertritte aus »Liebesgründen« sind nämlich immer noch kompliziert. Sie wird auch bei Stuten empfohlen, die trotz Hochrosse keinen Hengst an sich heranlassen. Aber wollen Sie mit einer so stark verhaltensgestörten Stute überhaupt züchten? Eine Stute, die bei der Bedeckung ernste Schwierigkeiten macht, nimmt oft auch ihr Fohlen schlecht an. Besser wäre es hier, die Stute eine Zeitlang in eine Herde mit anderen Mutterstuten zu stellen, damit sie sich an Fohlen gewöhnt, und es dann mit einer Bedeckung im Freilauf durch einen erfahrenen, freundlichen Hengst zu versuchen. Unterstützend können homöopathische Medikamente ge-

> **Wenn die Stute nicht aufnimmt**
> Es gibt vielfältige Gründe für einen Mißerfolg bei der Bedeckung. Mitunter liegt es einfach am schlechten Wetter, an mangelnder Sympathie zwischen Stute und Hengst oder daran, daß die Stute hart trainiert wurde und dadurch Rossestörungen auftraten. Meist sind die Ursachen mangelnder Fruchtbarkeit aber ernster. Die Eierstöcke können ungenügend ausgebildet sein, sehr häufig verhindern Zysten eine erfolgreiche Bedeckung. Auch Schleimhautentzündungen und Katarrhe der Geburtswege sind möglich. Heute lassen sich krankhafte Veränderungen der Geschlechtsorgane bei Pferden recht gut diagnostizieren und oft behandeln. Am besten bringen Sie Ihre Stute in eine Tierklinik, wenn Ihr Tierarzt nicht weiterweiß. Die ambulante Untersuchung und Behandlung in einer guten Klinik ist nicht viel teurer als die durch den Haustierarzt, aber die Stute ist in der Hand von Spezialisten, denen modernste Diagnoseeinrichtungen zur Verfügung stehen.

geben werden. Natrium muraticum D 30, zweimal wöchentlich 15–20 Tropfen, kann der Stute helfen, sich zu entspannen.

Auch bei Stuten, die speziell den für sie ausgewählten Bräutigam ablehnen, kommt künstliche Besamung in Frage. Aber wäre es wirklich zuviel verlangt, sie einem anderen, ihr genehmeren Hengst zuzuführen?

Beobachten Sie, bevor Sie sich entscheiden, eine Bedeckung innerhalb einer freien, intakten Pferdeherde. Vielleicht finden Sie dabei heraus, daß Sex auch bei Pferden nicht nur mit Vermehrung, sondern viel mit Liebe zu tun hat!

Die Trächtigkeitsuntersuchung

Ab dem 16. bis 18. Tag nach der Bedeckung kann festgestellt werden, ob eine Stute aufgenommen hat oder nicht. Besonders bei weiten Anfahrtswegen zum Hengst sollte diese Möglichkeit genutzt werden, solange die Stute noch im Gestüt ist. Die Untersuchung kann rektal – also durch Abtasten der Gebärmutter vom Mastdarm aus – oder durch Ultraschall erfolgen. Hierzu wird eine Sonde rektal eingeführt, an deren Ende Schallgeber und Empfänger

> **AUF EINEN BLICK**
>
> **Trächtigkeitsdiagnose**
> Tastuntersuchung: ab 21. Tag
> Ultraschalluntersuchung: ab 18. Tag
> Blutuntersuchung: Progesterontest ab 18. Tag
> MIP-Test 35.–150. Tag
> Harnuntersuchung: ab 70. Tag

angebracht sind. Die Untersuchung ist risikoärmer als das Abtasten, dafür aufwendiger.

Wer sichergehen will, sollte nach 12–16 Wochen eine Kontrolluntersuchung vornehmen lassen. In den ersten drei Monaten kommt es nämlich besonders bei Stuten mit Fohlen bei Fuß, bei Vertreterinnen hochblütiger Rassen und Stuten, die in der Fohlenrosse gedeckt wurden, häufig zur Fruchtresorption. Für diese Nachuntersuchungen empfehlen sich Labortests, für die Blut oder Harn der Stute entnommen werden. Bitte vergewissern Sie sich, daß Ihr Tierarzt mit einem Labor arbeitet, das keine Tests mit Versuchstieren durchführt. Es gibt genügend preiswerte und sichere Tests, für die keine Mäuse oder Frösche sterben müssen!

Ab dem 7. Monat kann Ihr Tierarzt das Fohlen dann leicht rektal ertasten. Wer seine Stute gut kennt, bemerkt vielleicht ab dem 5. Monat einen Hang zum häufigeren Urinieren, später erkennt man Bauchbildung, Ausbildung des Gesäuges, gelegentlich Fohlenbewegungen nach Wasseraufnahme. Manche Stuten neigen dazu, Weidegefährtinnen zu bespringen, wenn sie im dritten bis fünften Monat mit einem Hengstfohlen trächtig sind. Sichere Aussagen ermöglicht jedoch keine dieser Beobachtungen.

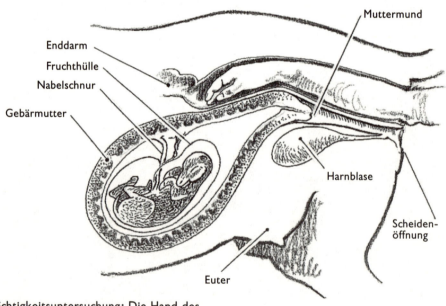

Trächtigkeitsuntersuchung: Die Hand des untersuchenden Tierarztes oder die Ultraschallsonde werden in den End- oder Mastdarm eingeführt.

Die Stute in der Trächtigkeit

Pferde sind Fluchttiere. Das heißt, daß es in freier Wildbahn lebenswichtig für sie ist, fit und beweglich zu sein. Lange Schwerfälligkeit während der Trächtigkeit können sich Stuten also nicht leisten. Sie entwickeln deshalb erst im letzten Drittel der Trächtigkeit einen deutlich sichtbaren Bauch.

Schon lange bevor die Trächtigkeit von außen erkennbar wird, sind beim Pferdeembryo aber die wichtigsten Organe und Gliedmaßen angelegt. Schon sechs Wochen nach der Bedeckung sind Kopf und Beinchen gut erkennbar, nach zwei Monaten haben sich Hufe gebildet. Das Fohlen ist dann etwa 8 cm groß und wiegt höchstens 30 Gramm. Nach 120 Tagen ist es etwa 20 cm lang. Es wiegt ca. ein Kilogramm, und die späteren Tasthaare im Lippenbereich bilden sich. Nach sechsmonatiger Trächtigkeit zeigen sich dann Mähne und Schweif. Auch das Fell beginnt zu sprießen. Das Fohlen ist nun zwischen 60 und 70 cm lang und wiegt etwa 15 Kilo.

Die normale Tragzeit beim Pferd beträgt 340 Tage, also 11 Monate und 5 Tage. Es ist aber sehr häufig, daß Stuten übertragen, und mitunter kommt ein Fohlen auch mal 2 Wochen früher zur Welt. Meist ist das dann ein Stutfohlen, denn kleine Hengste brauchen etwas länger für ihre Entwicklung. Manche Stuten übertragen bis zu sechs Wochen, eine Zeit, bei der auch der langmütigste Züchter nervös wird und über künstliche Einleitung der Geburt nachdenkt. Wenn die Stute jedoch gut frißt und auch sonst keine Verhaltensauffälligkeiten zeigt, sollte man auf einen solchen Eingriff in die natürlichen Vorgänge verzichten. Jede Stute hat ihre individuelle Tragzeit, die dann je nach Fohlen geringfügig variiert. Wenn Sie also wissen, daß Ihre Stute schon beim letzten Fohlen übertragen hat, brauchen Sie sich keine Sorgen zu machen, wenn es wieder geschieht. Vielleicht können Sie Ihre Nerven mit einem Anruf beim Vorbesitzer der werdenden Mutter beruhigen!

Wie jedes Säugetier wächst auch ein Fohlen in der Gebärmutter, im Fruchtwasser schwimmend, heran und ist über die Nabelschnur mit der Plazenta verbunden. Durch die Nabelschnur wird es mit Nährstoffen und Sauerstoff versorgt, gleichzeitig werden Abfallstoffe wie Harn und Kohlensäure abtransportiert.

In der Gebärmutter ist das Fohlen

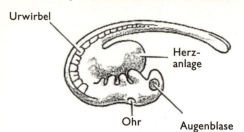

Foetus im Alter von 3 Wochen

Nach zwei Monaten ist das Fohlen schon fast zu erkennen.

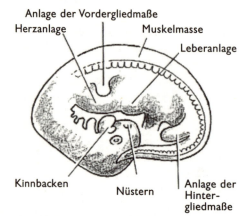

Vier Wochen nach der Bedeckung hat sich eine Menge getan!

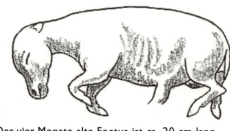

Der vier Monate alte Foetus ist ca. 20 cm lang.

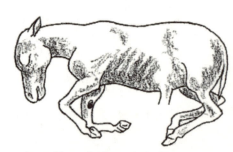

Im sechsten Monat bilden sich die Kastanien und die Hufe.

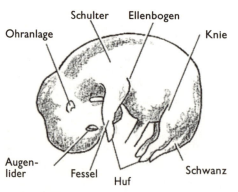

Sechswöchiger Foetus

Foetus im neunten Monat.

gut geschützt. Verfohlen aufgrund äußerer Einflüsse ist beim Pferd folglich selten. Trotzdem sollte man natürlich von gefahrenträchtigen Einsätzen der Stute wie Springen oder Jagdreiten absehen.

Fressen für zwei? — Die richtige Fütterung

Idealerweise sollte eine trächtige Stute den Sommer auf der Weide verbringen. Das Gras versorgt sie in den ersten Monaten ausreichend mit Nahrung, lediglich die Mineralstoffversorgung ist auf den heutigen Kulturweiden mit ihrem Mangel an Kräutern und Pflanzenvielfalt nicht sichergestellt. Es muß also, über den Salzleckstein hinaus, ein Mineral-Vitamin-Konzentrat zugefüttert werden.

Ob die Stute während der Weidesaison Kraftfutter erhält, richtet sich nach ihrem Reiteinsatz. Auf keinen Fall sollte sie so viel Futter erhalten, daß sie jetzt schon dick und unbeweglich wird. Die häufig gehörte Ausrede für rundliche Mutterstuten:

»Das ist alles das Fohlen!« sollten Sie vergessen. Fohlen wachsen nicht auf den Rippen ihrer Mütter, sondern tief in ihrem Bauch! Bis etwa zum siebten Monat der Trächtigkeit dürfen sie das Aussehen der Stute nicht bestimmen. So lange besteht für die werdende Mutter auch keine sehr große Stoffwechselbelastung, die zusätzliche Futtergaben nötig macht.

Gegen Ende der Weideperiode und erst recht, wenn die Stute dann in Stall und Auslauf wechselt, bildet gutes Heu die Nahrungsgrundlage. Wenn die Stute nicht zum Fettwerden neigt, kann sie davon fressen, soviel sie will. Besonders bei Ponys und Robustpferderassen muß allerdings portioniert werden. Die Fütterungsbedürfnisse der trächtigen Stute verändern sich jetzt, aber längst noch nicht quantitativ, sondern qualitativ. Sie braucht extra gutes Heu, hochwertiges Ergänzungsfutter und beste Versorgung mit Vitaminen und Mineralien.

Erst bei der hochträchtigen Stute sollten die Rationen dann auch quantitativ zunehmen. Ab dem siebten Trächtigkeitsmonat nimmt das Foh-

---

AUF EINEN BLICK

Fütterung der tragenden Stute
1.–7. Monat: kein erhöhter Energie- und Eiweißbedarf, erhöhter Vitamin-Mineralstoff-Bedarf. Fütterung von Gras bzw. Heu plus Vitamin-Mineralstoff-Gemisch. Kraftfutter nach Leistung

Ab 7. Monat: geringfügig erhöhter Energie- und Eiweißbedarf, stark erhöhter Vitamin-Mineralstoff-Bedarf. Fütterung von Heu und Zuchtfutter, dazu Vitamin-Mineralstoff-Gemisch, wenn möglich Möhren oder andere Karotingaben.

len nämlich an Größe und Gewicht rasant zu, und seine Mutter hat einen höheren Energie- und Eiweißbedarf. Gegen Ende der Trächtigkeit kann man ihr mit der Verfütterung eines speziellen Zuchtfutters etwas Gutes tun. Außerdem besteht in dieser Zeit ein hohes Bedürfnis nach Eisen, Vitamin A und Karotin. Wenn Sie aus organisatorischen Gründen keine Möhren beifüttern können, sind Möhrentrockenschnitzel (Karotinchen) eine gute Alternative. Futtermittelfirmen bieten auch andere Formen konzentrierten Karotins an. Die zusätzliche Vitamin-Mineralstoff-Fütterung behält man selbstverständlich bei.

Vielleicht vermissen Sie im Rahmen dieses Kapitels die üblichen Fütterungstabellen. Sie werden aber bewußt nicht gegeben, denn sie treffen

Im Winter vor dem Abfohlen bildet gutes Heu die Nahrungsgrundlage.

Bewegung während der Trächtigkeit ist gesund für Mutter und Fohlen.

im Einzelfall nur selten den Kern. Wer seine Stute kennt und genau beobachtet, merkt schnell selbst, wann sie einen höheren Futterbedarf entwickelt. Faustregel für die Kontrolle des »Normalgewichts« ist bei trächtigen wie bei nicht trächtigen Stuten: Die Rippen sollen zu fühlen, aber nicht zu sehen sein. Starken Vitaminmangel erkennen Sie daran, daß die Stute plötzlich Holz oder Leder ankaut oder Erde leckt. So weit sollten Sie es allerdings nicht kommen lassen. Die Vitamin-Mineralstoff-Versorgung muß von Anfang an gesichert sein.

Wenn Sie sich die Futterportionierung in eigener Regie nicht zutrauen oder falls irgendwelche Probleme auftauchen, können Sie sich um Rat und Hilfe an Fütterungsexperten wenden, die mit Hilfe von Computerprogrammen und genauen Angaben des Pferdehalters zu den verschiedensten Eigenheiten ihrer Tiere individuelle Futterpläne erstellen (Adresse im Anhang). Es ist höchstwahrscheinlich besser — und letztlich meist billiger!—, sie zu konsultieren als irgendwelche »erfahrenen Züchter« aus der Nachbarschaft, die vielleicht dazu neigen, die Erfahrungen mit ihren ein oder zwei Stuten zu generalisieren.

»Mutterschutz« oder »Wie steht es mit dem Reiten?«

Grundsätzlich ist Bewegung während der Trächtigkeit sehr gut für Mutterstute und Fohlen. Eine schlanke, trainierte Stute wird leichter abfohlen als ein träges, fettes Pferd. Auf gar keinen Fall sollte die Stute während der Trächtigkeit in der Box stehen und gar nichts tun. Die in manchen Gestüten gehandhabte Praxis, Zuchtstuten drei Monate vor der Geburt überhaupt nicht mehr hinauszulassen, ist Tierquälerei.

In den ersten Monaten nach der Bedeckung kann die Stute normal geritten werden, wobei unter »normalem Reiten« Ausritte mit dem Schwerpunkt auf Trab und gelegentlichen Galopp- und Schritteinlagen sowie Dressurreiten (bzw. Reining, Trail usw.) zu verstehen ist. Springturniere, Jagden und Militärystrecken sollte man während der Trächtigkeit auslassen. Auch Aktivitäten, bei denen sich die Stute sehr erregt, z. B. Rennpaßeinsätze bei Islandpferden, stellt man besser ein.

Vorsichtige Stutenbesitzer schonen die werdende Mutter in den ersten drei Monaten der Trächtigkeit, wenn noch Resorptionsgefahr besteht, besonders. Das ist vielleicht nicht zwingend nötig, beruhigt aber das Gewissen.

In den letzten drei Monaten der Tragzeit wird der Reiteinsatz dann langsam reduziert. Es gibt zwar immer wieder Geschichten vom Reit- und Fahreinsatz von Mutterstuten bis drei Stunden vor dem Abfohlen, aber da Sie Ihre Stute schließlich zu Ihrer Freude halten und pflegen, besteht kein Grund dazu, sie solchen Belastungen zu unterwerfen. Wahrscheinlich wird Ihnen in den letzten Wochen vor dem Abfohlen ohnehin die Lust dazu vergehen, den Sattel auf Ihr tonnenförmiges Pferd zu legen. Schicken Sie Ihre Stute also etwa sechs Wochen vor dem Geburtstermin in »Trächtigkeitsurlaub« auf die Weide oder in den Auslauf, aber achten Sie darauf, daß sie sich auch wirklich genügend bewegt.

Die Geburt

In den letzten Wochen vor der Geburt entwickelt die Stute ein starkes Euter. Das ist in der Regel alles, was bis wenige Stunden vor dem großen Ereignis auf das Näherrücken der Fohlengeburt hinweist. Die letzten Tage und Wochen der Trächtigkeit werden dem wartenden Stutenbesitzer meist lang, besonders wenn die Stute überträgt. Für die Stute direkt können Sie in dieser Zeit nichts tun. Sie sollten die Zeit jedoch nutzen, um Stall und Auslauf noch einmal einer gründlichen Prüfung auf »Kindersicherheit« zu unterziehen.

Viele Offenställe sind aus alten Kuh- oder Schweineställen entstanden, oder man hat andere, vorher anderweitig genutzte Räume dazu umgebaut. Dagegen ist an sich nichts zu sagen, aber mitunter weisen solche Ställe Ecken und Winkel auf, die neugeborene Fohlen irritieren können. Absperrungen werden oft einfach mit einem Holzbalken in Brusthöhe der erwachsenen Pferde, mit glattem Draht oder schlichten Strohbändchen vorgenommen. Für die alten Pferde ist das kein Problem, aber das Fohlen rutscht leicht versehentlich auf die andere Seite und gerät dann in Panik, wenn es seine Mutter nicht wiederfindet.

Solchen Situationen sollten Sie auf jeden Fall vorbeugen, indem Sie zusätzliche Sicherungen anbringen und unübersichtliche Ecken und Winkel absperren. Kontrollieren Sie den Stall auch noch einmal sorgfältig auf irgendwo vorstehende Nägel, herumhängende Heunetze und andere Gefahrenquellen. Wer jahrelang nur ruhige, erwachsene Pferde hatte, neigt dazu, solche Dinge, die streng genommen in keinem Stall geduldet werden sollten, zu übersehen. Für ein Fohlen sind sie jedoch lebensgefährlich, denn die Huf-Auge-Koordination funktioniert bei ihm noch ungenügend.

Weiterhin sollten Sie den Salzleckstein Ihrer Pferde hochhängen, damit das Fohlen in den ersten Monaten nicht herankommt. Viele Fohlen mögen nämlich den Geschmack und nehmen zuviel Salz auf. Das führt dann zu Durchfällen, die ernste Folgen haben können.

Wo soll die Stute abfohlen?

Grundsätzlich sollte die Stute da abfohlen, wo sie auch während der Trächtigkeit gelebt hat. Gegen die Keime in dieser Umgebung hat sie

> **AUF EINEN BLICK:**
>
> **Abfohlen auf der Weide**
> Besonders wenn Ihre Stute zum erstenmal abfohlt, sollten Sie sie nur auf die Weide lassen, wenn
> - die Weide nicht so groß und gut einsehbar ist,
> - die Stute in wenigen Minuten in den Stall geführt werden kann, wenn Komplikationen auftreten,
> - trockenes Wetter herrscht.

vor der Geburt reichlich Antikörper entwickelt, die sie dem Fohlen über die erste Milch mitgibt. In den letzten drei Wochen vor der Geburt sollte die Stute deshalb auf keinen Fall den Stall wechseln. Wenn auf der Weide abgefohlt werden soll, können auch zwei Wochen reichen. Das ist die Zeit, die Gestüte vorschreiben, wenn sie Stuten zum Abfohlen und zur anschließenden Wiederbedeckung aufnehmen.

Die Natur sieht ein Abfohlen der Stute auf der Weide vor. Die frische Frühjahrswiese ist die keimärmste Umgebung, in der eine Fohlengeburt möglich ist. In der Praxis der vom Menschen bestimmten Zucht hat dieser Abfohlort aber beträchtliche Nachteile. So ist die Weide nachts z. B. kaum einsehbar, eine Beobachtung der Geburt wird also erschwert. Wenn Komplikationen auftreten und tierärztliche Hilfe nötig wird, ist kein Licht da. Außerdem spielt das Wetter in unseren Breiten oft nicht mit. Auch für Fohlen aus Robustrassen wie z.B. Islandpferde ist es schädlich, ihre ersten Lebensstunden in Regen und Kälte zu verbringen. Lassen Sie sich nicht erzählen, daß diese Fohlen das vertragen, weil man es in Island angeblich immer so gehandhabt hat. Die Sterberate der unter solchen Umständen geborenen Fohlen war und ist enorm! Für Sie besteht kein Grund, Ihr liebevoll geplantes und mit Spannung erwartetes Fohlen unnötig Gefahren auszusetzen.

Wenn Sie also nicht über eine kleine, gut einsehbare Weide direkt am Stall verfügen, ist es sicherer, die Stute in Stall und Auslauf abfohlen zu lassen. Ideal ist, ihr selbst die Wahl zu lassen, ob sie drinnen oder draußen abfohlen will. Wenn der Auslauf allerdings matschig oder stark durch Mist verschmutzt ist, ist es besser, Sie behalten die werdende Mutter im Stall. Ein unsauberer Auslauf bietet allerdings auch für das

Rechte und folgende Seiten: Eine Geburt auf der heimischen Koppel ist für eine Stute die natürlichste Sache der Welt und wäre wohl auch ohne die Hilfe des stolzen Züchters glatt verlaufen. Der Weidegefährte übernimmt sofort die Tantenrolle und hilft, das Neugeborene trockenzulecken.

> **AUF EINEN BLICK**
>
> **Geburtsvorbereitung**
> 1. Stall und Auslauf auf Fohlensicherheit kontrollieren.
> 2. Salzleckstein entfernen oder hochhängen.
> 3. Stall besenrein machen und neu einstreuen; nicht zuviel Chemie versprühen.
> 4. Nachtlicht im Stall installieren.
> 5. Schweif der Stute waschen.
> 6. Vorsichtshalber Fohlenmilch-Notpackung bereitlegen.
> 7. Telefonnummer des Tierarztes und der Ammenvermittlung bereitlegen.

heranwachsende Fohlen keine ideale Umwelt. An sich sollte es selbstverständlich sein, daß Pferdeausläufe drainiert sind und täglich gemistet werden.

Viele Pferdehalter entfalten vor dem Abfohlen ihrer Stute hektische Aktivitäten zur Reinigung ihrer Ställe. Auch mit noch soviel Desinfektionsmitteln bekommen Sie Ihren Stall jedoch nicht keimfrei. Versprühen Sie deshalb vor der Fohlengeburt keine Chemie, sondern machen Sie den Stall lediglich besenrein und streuen Sie mit sauberem Stroh ein. Eventuell kann man auch mit etwas Schmierseife scheuern, aber nur dann, wenn der Stall schnell wieder trocknet. Fohlen benötigen eine saubere, aber keine keimfreie Umgebung. Die Kolostralmilch der Mutterstute versorgt sie ausreichend mit Abwehrkräften.

Linke Seite: Drei Monate später steht der Sohn einer Westfalenstute und eines amerikanischen Trabers schon fest auf eigenen Beinen.

In vielen Ställen ist es üblich, Mutterstuten vor der Geburt den Schweif zu bandagieren. Das muß der menschlichen Vorstellung entspringen, eine weiße Bandage sei immer keimärmer als ein naturfarbener Pferdeschweif. Sparen Sie sich diese Anstrengung! Sinnvoller ist es, der Stute ein paar Tage vor der Geburt den Schweif zu waschen und kurz vorher den äußeren Bereich der Scheide und die Schweifunterseite noch einmal zu reinigen. Ob Sie dazu warmes Wasser und Kernseife, Intimwaschmittel aus dem Supermarkt oder den Sud einer bei Vollmond ausgebuddelten Beinwellwurzel nehmen, ist relativ gleichgültig.

Abfohlen in der Herde

Um die Frage nach dem Abfohlen in Gesellschaft anderer Pferde oder der Isolation der Stute während der Geburt und der ersten Lebenstage des Fohlens herrscht in Züchterkreisen ein Meinungsstreit. Am sinnvollsten ist es, das von Fall zu Fall zu entscheiden.

Es ist sicher das natürlichste, wenn ein Fohlen in einer intakten Herde mit männlichen und weiblichen Tieren geboren wird. Wenn Ihre Stute also in einer Herde lebt, in der die Rangordnung feststeht und alle Pferde harmonisch zusammenleben, lassen Sie sie ruhig in Gesellschaft der anderen Pferde abfohlen. Aggressionen erwachsener Pferde gegenüber Fohlen sind sehr selten, und die Mutter weiß ihr Kind auch durchaus zu verteidigen. Oft übernimmt ein Wallach zusätzlich den Schutz der neuen »Familie« und schirmt sie gegen andere Pferde ab. Gibt es in Ihrer Pferdeherde allerdings noch häufig Streit, sind aggressive, irgendwie verhaltensgestörte Pferde dabei und ist die Stute rangniedrig, so ist es besser, sie zu isolieren. Auf jeden Fall sollte sie aber in

Die Natur sieht ein Abfohlen der Stute auf der Weide vor.

Sicht- und Hörweite der anderen Pferde bleiben, denn sonst fühlt sie sich einsam und regt sich mehr auf, als alles wert ist.

Abfohlen in »Menschengesellschaft«?

Es ist ein wundervolles Erlebnis für einen Züchter, eine Fohlengeburt mitzuerleben. Den meisten Stuten ist es allerdings gar nicht recht, beim Abfohlen von Menschen beobachtet zu werden. Mitunter halten sie das Fohlen lange zurück — in Einzelfällen sollen Stuten die Geburt bis zu 48 Stunden verzögern können — und nutzen wenige Minuten der Abwesenheit des Stallwächters, um hastig und verkrampft ihr Fohlen zu werfen.

Im Prinzip sollten wir das Bedürfnis der Stute nach Intimität akzeptieren. Andererseits besteht natürlich der berechtigte Wunsch des Züchters, die Geburt zu überwachen, um bei Komplikationen einschreiten zu können. Als günstiger Kompromiß hat sich ein Stallbesuch in einstündigen Abständen erwiesen. Die Stute hat dabei die Möglichkeit, allein abzufohlen, aber wenn Schwierigkeiten auftreten, kommt man noch zurecht, um Hilfe zu holen. Außerdem erlebt man wenn schon nicht die Geburt, so doch die ersten Lebensstunden des Fohlens mit.

Gehen Sie bei den nächtlichen Besuchen im Stall aber diskret vor, sonst machen Sie buchstäblich »die Pferde scheu«. Ein Blick in Stall und Auslauf sollte genügen, um festzustellen, ob sich bei Ihrer Stute etwas tut. Wenn Sie eine Taschenlampe verwenden wollen oder müssen, gewöhnen Sie die Pferde rechtzeitig an den Lichtstrahl. Die meisten scheuen davor, wenn sie ihn zum erstenmal sehen. Haben Sie keine Lust, mit der Taschenlampe im Stall herumzuhantieren, so empfiehlt es sich, schon ein paar Tage vor der Geburt die Stallbeleuchtung zu dämpfen und in der Nacht brennen zu lassen. Das Notlicht stört die Pferde nicht und ermöglicht Ihnen rasche Orientierung in der »Nacht der Nächte«.

Es ist soweit! — Geburtsverlauf

Bei den meisten Stuten kündigt sich die Geburt dadurch an, daß an den Zitzen des Euters sogenannte »Harztröpfchen« erscheinen. Dabei handelt es sich um winzige Milchtropfen, die nach dem Austreten antrocknen. Mitunter läuft auch schon mehr Milch aus dem Euter. Das ist nicht wünschenswert, da dabei wichtige Kolostralmilch verlorengeht, aber nicht zu ändern. Bei manchen Geburten fehlen die Harztröpfchen ganz, bei anderen treten sie bereits sieben Tage vor der Geburt auf. Ein sicheres Zeichen dafür, daß die Geburt unmittelbar bevorsteht, sind sie also nicht. Ein bis zwei Tage vor der Geburt fallen die Beckenbänder ein, und der Bauch der Stute senkt sich. Auch das erkennt man aber nicht sicher bei jeder Stute. Selbst der aufmerksamste Beobachter ist folglich nicht davor gefeit, die Geburt zu verpassen und am frühen Morgen von einem langbeinigen neuen Erdenbürger begrüßt zu werden.

Manche Stuten zeigen ihre Bereitschaft zum Gebären aber auch deutlich an, indem sie unruhig im Stall hin und her laufen, sich aufregen und schwitzen. Bei Boxpferden ist das häufiger als bei natürlich gehaltenen Stuten, die sich aussuchen können, ob sie im Stall oder draußen abfohlen wollen. Lassen Sie eine Stute, die so deutlich zeigt, daß ihr die Geburt im Stall gegen den Strich geht, hinaus, wenn es eben möglich ist!

Die meisten Stuten fohlen während der Nacht ab, und im allgemeinen geht es sehr schnell. Die Geburt dauert zwischen fünf und 30 Minuten, und die Stute braucht dabei keine Hilfe.

In der Vorbereitungsphase setzt die Stute Kot und Harn ab. Je nach Typ zeigt sie dabei mehr oder weniger große Unruhe, scharrt, legt sich nieder und steht wieder auf. Meist

Bei manchen Stuten kündigt sich die bevorstehende Geburt durch Unruhe an.

schwitzt sie dabei stark. Schließlich bleibt sie liegen und preßt das Fohlen heraus. Dabei erscheint zuerst die Wasserblase und erweitert dabei die Geburtswege. Beim Erreichen des Scheideneingangs platzt sie mit einem Geräusch, das dem Ausschütten eines Eimer Wassers gleicht. Ihr folgt die Fruchtblase, in der – bei Normallage – der auf den ausgestreckten Vorderbeinen liegende Fohlenkopf sichtbar wird. Ist der Kopf erst durch das Becken, ist der schwierigste Teil der Geburt vorbei. Die Stute preßt das Fohlen heraus und steht meist kurz danach auf. Dabei reißt die Nabelschnur an der dafür von der Natur vorgesehenen Stelle.

Wenn die Stute noch etwas liegenbleibt, um sich von den Anstrengungen der Geburt zu erholen, bleibt sie durch die Nabelschnur mit dem Fohlen verbunden. Das hat seinen Sinn, denn sie versorgt es damit weiterhin mit Nährstoffen. Trennen Sie die beiden also nicht vorzeitig und schneiden Sie die Nabelschnur nicht durch. Wenn sie künstlich durchtrennt werden muß, so reißt man sie besser ab, damit sie sich an der richtigen Stelle – etwa eine Handbreit unterhalb des Nabels – löst.

Wenn Sie bei der Geburt dabei sind, sollten Sie in diesem Stadium kontrollieren, ob die Eihäute bereits geöffnet sind, und sie aufreißen, falls das nicht der Fall ist. Sie müssen sich öffnen und die Nüstern des Fohlens freigeben, wenn die Nabelschnur reißt, sonst erstickt das Fohlen. Normalerweise öffnen sich die Eihäute spätestens dann, wenn die Stute auf-

Fohlenlage vor der Geburt

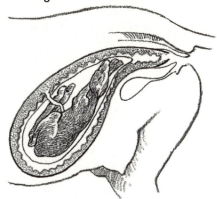

Der Foetus dreht sich.

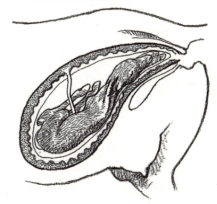

Fohlen im Geburtskanal

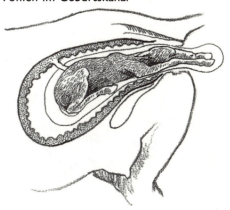

steht. Stuten mit intakten Instinkten beißen sie auf, wenn das nicht funktioniert. Anschließend lecken sie dem Fohlen den Schleim aus Maul und Nüstern. Wenn Sie dem Fohlen helfen, aus den Eihäuten zu kommen, sollten Sie auch dieses Freiwischen der Nüstern übernehmen.

Falls Ihr Fohlen in der Box geboren wurde und Ihnen leicht zugänglich ist, können Sie die Nabelschnur mit etwas Jodtinktur oder Desinfektionsspray desinfizieren. Vermeiden Sie aber, mit Taschenlampe und Sprühdose über die Wiese oder durch den Auslauf zu jagen, wenn das Fohlen draußen geboren wurde und bei Ihrem Eintreffen womöglich schon steht!

Wenn sich die Mutterstute etwas erholt hat, wird sie ihr Fohlen nun trockenlecken und es dabei sanft mit der Zunge massieren. Das regt die Blutzirkulation an und macht das Fohlen endgültig fit für die ersten Schritte.

Sie können jetzt beobachten, wie Ihr Pferdekind aufsteht und seine ersten Gehversuche macht. Viele Fohlen sind dabei sehr ungeschickt, und in dem diffusen Nachtlicht erscheinen ihre Bewegungen dem sowieso übernervösen Zuchtanfänger oft anomal. Diese Sorge ist eigentlich immer unbegründet, denn es kommt so gut wie nie vor, daß ein Fohlen körperbehindert geboren wird. Höchstwahrscheinlich wird Ihr Fohlen sehr schnell lernen, wie man ein Beinchen vor das andere bekommt. Manche zeigen schon nach einer Stunde die ersten, ungeschickten Bocksprünge! Junge Gangpferde pflegen zu tölten.

Sie brauchen sich jetzt übrigens keine Gedanken darüber zu machen, ob Sie Mutter und Fohlen stören. Wenn Sie sich nicht gerade zwischen sie und ihr Kind drängen, wird Ihre

Mutter und Fohlen lernen sich kennen.

Frühe Kontaktaufnahme schafft zutrauliche Fohlen.

Stute nichts dagegen haben, daß Sie zuschauen, wie es sich mit der Welt vertraut macht. Auch in den anderen Pferden hat es schließlich hochinteressierte Beobachter. Oft grüßen sie es mit lautem, freundlichem Wiehern, wenn es zum erstenmal steht.

Es ist umstritten, ob man das Fohlen in den ersten Lebensstunden und Tagen anfassen sollte oder nicht. Einerseits findet jetzt die ungemein wichtige Prägungsphase statt, in der das Fohlen lernt, seine Mutter als solche zu erkennen. Andere Pferde läßt sie zu diesem Zeitpunkt nicht an ihr Kind heran.

Andererseits haben amerikanische Untersuchungen erwiesen, daß Pferde um so umgänglicher und leichter erziehbar werden, je eher sie den Menschen als freundliches Mitgeschöpf kennengelernt haben. Am besten lassen Sie Ihre Stute darüber entscheiden, ob sie Sie bei ihrem Fohlen dulden will oder nicht. Wenn sie mit ihm fortläuft oder Ihnen gar droht, wenn Sie sich ihm nähern, verschieben Sie die Kontaktaufnahme um ein paar Stunden oder Tage. Läßt sie Sie jedoch heran, so helfen Sie dem Fohlen ruhig bei seiner schwierigen Suche nach dem Euter und fassen Sie es auch am nächsten Tag gelegentlich an, um es zu

Frei aufwachsen?

Es gibt Züchter, die bewußt jeden Kontakt mit ihren Fohlen vermeiden, bevor diese angeritten werden. Sie schwärmen davon, daß nur völlig »frei« aufgewachsene Pferde Würde, Zurückhaltung und Respekt zeigen.

Die Freiheit, in der diese Pferde aufwachsen, ist jedoch eine Pseudofreiheit, eine Freiheit auf Zeit. Die jungen Pferde werden zu einem Leben in der »Wildnis« erzogen, um dann mit drei oder fünf Jahren mit der rauhen Wirklichkeit des Reitsports konfrontiert zu werden. Da sie den Menschen nicht kennengelernt haben und sein Verhalten, seine Bewegungen und Gedankengänge ihnen fremd sind, lassen die jungen »Wildlinge« sich nur mit Gewalt einfangen und ausbilden. Viele bleiben zeitlebens ängstlich und verspannt, und da ihr Verhalten von Instinkten und Reflexen bestimmt wird, neigen sie mehr zum Scheuen und Durchgehen als andere.

Schaffen Sie also keine Pseudowildnis für Ihr Fohlen. Freilich soll es auf großen Weiden in Gesellschaft anderer Fohlen aufwachsen, aber es soll auch wissen, daß zu seiner Welt Menschen gehören, die ihm freundlich gesinnt sind. Machen Sie es rechtzeitig vertraut mit den Gegebenheiten seiner Umwelt, mit Autos, Pferdetransportern, Siedlungen und Straßen. Wenn Sie sich dabei als vertrauenswürdiges »Leittier« zeigen, wird es auch ganz selbstverständlich Respekt vor Ihnen entwickeln.

kraulen. Fohlen lieben es, gekrault zu werden!

Je später ein Fohlen den Menschen kennenlernt, desto größer ist der Schock der ersten Halftergewöhnung. Manche Züchter bemühen sich absichtlich nicht um ihre Pferdekinder, damit diese sich beim ersten Kontakt etwas fürchten und damit mehr »Respekt« vor Menschen entwickeln. Ein guter Pferdeausbilder sollte jedoch genügend Autorität und Selbstbewußtsein haben, um auch ein vertrautes Fohlen erziehen und im Notfall in seine Schranken weisen zu können. Vermeiden Sie Traumata, soweit es eben geht. Auch Pferdeseelen sind verletzbar!

Davon ganz abgesehen ist es auch in Ihrem Interesse, ein vertrautes und leicht erziehbares Fohlen zu haben. Sie haben nämlich höchstwahrscheinlich weder die Kraft noch die Anlagen, die man braucht, um einen panisch flüchtenden Jährling in ein Halfter zu zwingen. Auch Ihr Tierarzt und Ihr Schmied werden Ihnen dankbar sein, wenn Sie Ihr Fohlen vom ersten Tage an liebevoll behandeln und sorgfältig erziehen.

Geburtskomplikationen

Wenn das Fohlen kommt und außer dem Kopf nur ein Beinchen sichtbar

Schon ganz junge Fohlen lieben es, gekrault zu werden.

ist, so liegt es falsch. Versuchen Sie in diesem Fall zunächst, die Stute aufzutreiben und ein paarmal in der Haltungsanlage auf und ab zu treiben. Mitunter rutscht das Fohlen dabei in die richtige Stellung. Klappt das nicht, so rufen Sie sofort den Tierarzt. Es erfordert sehr viel Übung, die Lage eines Fohlens zu korrigieren, und oft müssen dazu zunächst durch Medikamente die Wehen unterbunden werden. Ein Laie kann normalerweise nicht helfen.

In Einzelfällen kommt ein Fohlen übrigens auch mit den Hinterfüßchen zuerst zur Welt. Das nennt man dann »Hinterendlage«, und es gehört in den Bereich des Normalen.

Auch hier müssen aber beide Beine zu sehen sein, sonst kann die Geburt nicht erfolgen.

Mitunter atmet ein Fohlen nicht sofort, wenn es geboren wird. Hier hilft ruckartiges Hochziehen an den Hinterbeinen, damit aus Nüstern und Maul Flüssigkeit abfließen kann. Besorgte Züchter legen sich auch etwas Respirot, ein atmungsförderndes Medikament, bereit und träufeln es im Notfall unter die Zunge des Fohlens.

Was weiterhin in der Stallapotheke nicht fehlen sollte, ist etwas Salvana-Fohlenmilch, ein Stutenmilchaustauschstoff, der das Fohlen am Leben hält, falls die Mutterstute

> **AUF EINEN BLICK**
>
> **Geburtshilfe**
> *Falsche Lage des Fohlens:*
> Stute auftreiben, zu kurz Bewegung animieren. Hilft das nichts, Tierarzt anrufen!
> *Fohlen wird in geschlossenen Eihäuten geboren:*
> Sofort aufreißen, sonst Erstickungsgefahr! Nüstern des Fohlens vom Schleim reinigen.
> *Fohlen atmet nicht:*
> Hinterhand hochheben, um Schleimabfluß zu ermöglichen, evt. Schockbehandlung durch Übergießen mit kaltem Wasser. Künstliche Beatmung durch Umfassen der Unterarme und Andrücken des Ellbogengelenks gegen die Brustwand bei Ausatmung, Anheben und Ausstrecken der Unterarme bei Einatmung. Die normale Atemfrequenz liegt zwischen 20 und 40 Atemzügen pro Minute.
> Eingabe atmungsanregender Mittel, so vorhanden.

während der Geburt stirbt. Als erste Milch braucht das Fohlen allerdings unbedingt Kolostralmilch, also die erste Milch der Mutterstute, denn nur sie vermittelt ihm die dringend benötigten Abwehrstoffe. Größere Züchter bewahren stets etwas Kolostralmilch vom Vorjahr in der Tiefkühltruhe auf. Im schlimmsten Fall muß man die Milch der toten Mutterstute abmelken. Am nächsten Tag sollte man sich dann um eine Amme bemühen (Adressen von Ammenvermittlungen im Anhang). Künstliche Fohlenaufzucht ist nicht unmöglich, aber sehr mühsam.

Die erste Milch

Während des Geburtsvorgangs füllt sich das Euter der Stute mit Milch, auch dies ein Geschehen, das durch die Hirnanhangdrüse gesteuert wird. Die erste Milch nennt man Kolostralmilch oder »Biestmilch«. Sie enthält die schon mehrfach erwähnten Antikörper gegen stalleigene Keime sowie leicht abführende Stoffe, die dem Fohlen die Ausstoßung des »Darmpechs«, der sich im Darm befindenden, vorgeburtlichen Stoffwechselprodukte, erleichtert.

Die beste Nahrung für das Fohlen steht also bereit. Es muß das Euter nur noch finden! Bei der Suche nach dem Euter sind kleine Stuten in der Regel schneller als kleine Hengste. Nach spätestens sechs Stunden sollte das Fohlen jedoch trinken.

In Einzelfällen dauert die Suche nach dem Euter aber viel länger, auch wenn das Fohlen gesund und munter ist. Als Außenstehender mit kühlem Kopf kann man hier leicht den Rat geben, in Ruhe abzuwarten. Ist es das eigene Fohlen, so greift man aber doch zur Milchflasche! Es ist relativ leicht, Stutenmilch abzumelken, und wenn das langsame

Fohlen erst einmal die ersten Schlucke Kolostralmilch in sich hat, schläft man als Besitzer einfach besser. Der Fohlendarm ist nämlich nur 36 Stunden in der Lage, die Abwehrstoffe durch die Darmwand aufzunehmen, und wenn die ersten 12 davon verstrichen sind, wird man mit Recht nervös! So lange Zeiten der Milchsuche sind aber wie gesagt äußerst selten.

Das säugende Fohlen massiert die Zitzen der Mutter und regt damit die Milchproduktion weiter an. Diese sanfte Massage hält letztlich während der ganzen Saugzeit den Milchfluß in Gang. Ist das Fohlen einmal krank und kann nicht saugen, muß die Stute abgemolken werden.

Sie dürfen Stutenmilch übrigens durchaus einmal abmelken, durchsieben, evtl. abkochen und probieren. Sie schmeckt wässeriger und etwas süßer als Kuhmilch und soll der Muttermilch ähneln. Stutenmilch ist sehr gesund und wird vor allem bei Lebererkrankungen als Heilmittel eingesetzt.

Wie findet das Fohlen das Euter?

Das Verhaltensprogramm des Fohlens nach der Geburt wird instinktiv abgespult, und im allgemeinen braucht das Kleine dabei keine menschliche Hilfe. Das Pferdekind ist so »programmiert«, daß es nach dem Winkel sucht, den die Hinterbeine der Mutter mit ihrem Bauch bilden. Hier vermutet es die Milchquelle, und wird dann auch bald fündig. Auch diese Zeit des Suchens erfüllt im übrigen ihren Zweck. Sie macht das Fohlen kräftiger und bereitet es auf die erste Nahrungsaufnahme vor. Seien Sie also nicht zu schnell mit der Milchflasche bei der Hand!

Das Fohlen sucht instinktiv nach diesem Winkel.

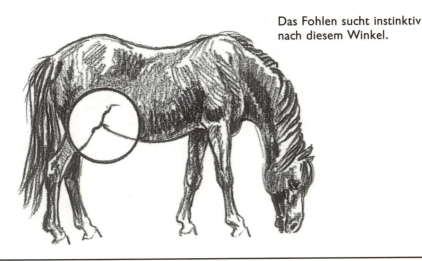

Geschafft!
Die erste Milch fließt.

Wenn die Stute das Fohlen nicht saugen läßt

Besonders bei erstgebärenden, nicht artgerecht gehaltenen Stuten kommt es gelegentlich zu einer Ablehnung des Fohlens. Die Stute versteht nicht, was bei der Geburt mit ihr geschehen ist, und weiß mit ihrem Kind nichts anzufangen. Seine Suche nach dem Euter empfindet sie als Belästigung, zudem kitzelt die Berührung.

Man halftert die Stute in einem solchen Fall auf und hält sie fest, damit das Fohlen trinken kann. Eventuell muß man sogar einen ihrer Hufe aufheben, um sie am Schlagen zu hindern. Mit der Euterentleerung kommt dann aber meist die Mutterliebe, und die Stute findet noch ein ganz normales Verhältnis zu ihrem Kind. Besser als Zwangsmaßnahmen ist jedoch Vorbeugung. Jedes Pferd, vor allem aber eine zukünftige Zuchtstute, sollte natürlich gehalten werden. Die Stute braucht Auslauf und ständigen Kontakt mit anderen Pferden, auch Fohlen und älteren Mutterstuten. In bezug auf Geburt und Fohlenaufzucht ist beim Pferd nämlich nicht alles Instinkt. Die jungen Stuten lernen auch aus der Beobachtung der älteren.

Bei empfindlichen Stuten empfiehlt es sich zusätzlich, sie während der Trächtigkeit öfter am Euter zu berühren, um sie zu desensibilisieren.

Besonders beim ersten Fohlen kann es vorkommen, daß die junge Mutter anfangs nervös nach ihrem Kind schlägt.

Wenn das Fohlen — notfalls mit sanfter Unterstützung durch die Menschen — erst einmal trinkt, finden die meisten Stuten ein normales Verhältnis zu ihm.

Die Nachgeburt

Eine halbe bis höchstens sechs Stunden nach der Geburt sollte sich die Nachgeburt lösen. Wenn nicht, ist sofort der Tierarzt zuzuziehen, denn dann läuft die Stute Gefahr, ernstlich zu erkranken. Bei der Nachgeburt handelt es sich um die Fruchtblase, die während der Trächtigkeit die Aufgabe hatte, das Fohlen zu ernähren. Ihre Form ist sackartig.

Kontrollieren Sie unbedingt, ob die Nachgeburt vollständig abgegangen ist, bzw. bewahren Sie sie auf und zeigen Sie sie dem Tierarzt, der am Morgen sowieso kommt, um das Fohlen zu impfen. Unbehandelte Nachgeburtsverhaltung führt zu Vergiftungserscheinungen wie Hufrehe und Blutvergiftung.

Fohlens erste Lebenstage

Der erste Lebenstag Ihres Fohlens sollte mit dem Besuch des Tierarztes beginnen. Wenn alles in Ordnung ist, brauchen Sie Ihren Veterinär aber nicht vor acht Uhr morgens anzurufen und über das freudige Ereignis zu informieren. Er erlebt häufiger Fohlengeburten und wird es wahrscheinlich nicht sonderlich schätzen, wenn Sie ihn mitten in der Nacht aus dem Schlaf reißen, um ihm zu erklären, daß Mutter und Kind wohlauf sind!

Der Tierarzt kontrolliert den Abgang der Nachgeburt bei der Stute und impft Ihr Fohlen gegen Fohlenlähme. Diese Vorsichtsmaßnahme ist unbedingt nötig. Fohlenlähme kann

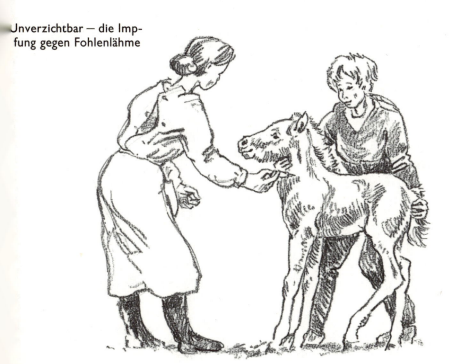

Unverzichtbar — die Impfung gegen Fohlenlähme

in den ersten drei Lebenstagen als Frühlähme oder nach einigen Wochen als Spätlähme auftreten. Ursache ist eine Bakterieninfektion über Darmschleimhaut oder Nabelstrang. Sie kann auch in den saubersten und ordentlichsten Ställen vorkommen und selbst dann, wenn das Fohlen auf der Weide geboren wurde. Da die Krankheit durch die routinemäßigen Impfungen sehr selten geworden ist, neigen heute viele, besonders naturheilkundlich orientierte, Veterinäre dazu, auf die Impfung zu verzichten. Der Eingriff in den Fohlenkörper durch vorbeugenden Einsatz von Impfstoff oder Antibiotika ist ihrer Ansicht nach schwerwiegender als die Gefahr einer Lähmeerkrankung. Lassen Sie sich auf diese Argumente nicht ein, sondern bestehen Sie darauf, daß Ihr Fohlen geschützt wird! Vielleicht erkrankt wirklich nur ein winziger Prozentsatz nicht geimpfter Fohlen an Lähme. Aber wäre es nicht schlimm, wenn gerade Ihres darunter wäre?

Die Anzeichen für Fohlenlähme sind Fieber, Lahmheit und geschwollene Gelenke, an denen Druckschmerz auftritt.

Neben dem Tierarzt werden möglicherweise noch weitere Besucher kommen, um Ihr Fohlen zu begutachten. Das ist verständlich, aber Sie sollten den Rummel »in der Wochenstube« auf keinen Fall zu groß werden lassen. Das gilt besonders, wenn Ihre Stute in der Box steht und somit nicht über die Möglichkeit verfügt, sich mit ihrem Kind in die äußerste Ecke der Weide zurückzuziehen. Stuten und Fohlen verhalten sich Menschen gegenüber sehr unterschiedlich. Manche Fohlen kommen keck heran und machen ihre Mütter durch allzu große Kontaktfreude nervös, andere verkriechen sich hinter der Stute und lassen sich am liebsten gar nicht sehen. Auch unter den Mutterstuten gibt es welche, die ihr Kind offensichtlich gern vorführen, und andere, die lieber mit ihm allein wären. Diese Wünsche der Tiere sollte man akzeptieren.

Wenn die Stute Sie an sich heranläßt — und ein mit Menschen vertrautes Freizeitpferd sollte das eigentlich tun —, sollten Sie ihr und dem Fohlen eine Stunde widmen, in der Sie allein mit den beiden umgehen. Halftern Sie die Stute auf und binden Sie sie an, wenn sie sich nicht dagegen sträubt. Dann putzen Sie ihr den getrockneten Schweiß und eventuelle Blutflecken aus dem Fell, waschen vielleicht Schweif und Hinterbeine. Verwöhnen Sie die junge Mutter dabei ruhig ein wenig. Schließlich hat sie Ihnen mit dem Fohlen eine große Freude gemacht! Das Fohlen lassen Sie dabei natürlich nicht aus den Augen. Es wird sich höchstwahrscheinlich nicht weit von der Mutter entfernen, sondern bei ihr bleiben und interessiert zusehen, was Sie mit ihr machen. Wenn die

Rechts oben: So kann man sehr junge Fohlen dirigieren, ohne ihnen weh zu tun.

Unten: Je früher das Fohlen lernt, sich führen zu lassen, desto unproblematischer wird es später im Umgang.

ERSTE LEBENSTAGE | 73

Linke Seite: Gute Erziehung zahlt sich auch aus, wenn man Mutter und Kind öffentlich vorstellen will. Haflinger werden meist »naturbelassen« vorgeführt, Warmblüter dagegen traditionell eingeflochten.

Der erste Ausflug

Stute den Umgang mit Ihnen genießt, spürt es das. Wahrscheinlich wird es sich auch schon an Sie und Ihr Putzzeug heranpirschen und Schwämme, Striegel und Bürsten in Augenschein – und ins Mäulchen – nehmen. Fassen Sie es ruhig an, wenn es Sie läßt, und kraulen Sie es oder zeigen Sie ihm, wozu eine Bürste da ist. Einen besseren Start ins Leben mit dem Menschen als eine solche Putz- und Spielstunde am ersten Lebenstag können Sie ihm nicht bieten!

Mitunter wird aber auch schon am Geburtstag Ihres Fohlens das erste Problem mit ihm auftauchen. Viele Fohlen werden in Stall und Auslauf geboren, aber nun ist es Morgen, die Sonne scheint, und der frischgebackene Züchter möchte Mutter und Kind gern auf die Weide lassen. Statt nun aber freudig an der Flanke seiner Mutter in die Freiheit zu staksen, weigern sich die meisten Fohlen vehement, die Haltungsanlage zu verlassen. Führt man die Mutter hinaus, bleiben sie im Auslauf und geraten schnell in Panik, was natürlich auch bei der Mutter zu Unruhe und besorgtem Wiehern führt. Das Fohlen rennt verzweifelt im Auslauf herum

Erste Einführung in das Leben mit den Menschen

und scheint das geöffnete Tor gar nicht zu sehen.

Tatsächlich nimmt ein so junges Fohlen es wahrscheinlich noch nicht wahr. Das Pferdeauge ermöglicht scharfes Sehen ohnehin nur in einem kleinen Bereich, und zudem ist das Fohlen zu erregt, um sich auf die Veränderung seiner Umwelt zu konzentrieren. Schließlich erwartet es nicht, daß der Auslauf oder der Stall sich öffnet! Die Haltungsanlage ist für das Pferdekind die ganze Welt. Es hat sie in den ersten Stunden seines Lebens erforscht und fühlt sich jetzt erst einmal sicher. Die Tatsache, daß die eigene Mutter plötzlich aus dieser Welt entschwindet, überfordert das Fohlen.

Natürlich kann und soll es diese Hemmung möglichst schnell überwinden. Versuchen Sie es also gleich noch einmal. Diesmal lassen Sie die Stute aber nicht einfach vorgehen und verlassen sich darauf, daß das Kleine nachkommt, sondern führen die Stute ganz langsam, Schritt für Schritt durch das Tor. Das Fohlen

So weisen Sie einem unsicheren Fohlen behutsam den Weg aus dem Auslauf.

ERSTE LEBENSTAGE | 75

Das Fohlen drückt Darmpech heraus.

sollte dabei an ihrer Flanke bleiben. Klappt das nicht, so holen Sie einen Helfer hinzu, der die Stute führt. Sie selbst schieben das Fohlen und halten es mit sanfter Gewalt bei der Mutter. Sie dürfen das Fohlen grundsätzlich nur schieben, nicht ziehen. Nehmen Sie es eventuell in (nicht auf!) den Arm und geben Sie den Weg deutlich vor. Wenn es den ersten Schritt aus dem Auslauf heraus gemacht hat, wird es wieder freudig neben der Mutter herspringen. Die »Magie der Box« (bzw. des Auslaufs) ist damit überwunden.

Besonders wenn Ihr Fohlen zu den größeren und schwereren Rassen gehört, sollten Sie es diesen ersten Ausflug so früh wie eben möglich vornehmen lassen. Wenn ein kleiner Kaltblüter nämlich erst einmal einen Monat alt ist, ist »sanftes Anschieben« für normalgewichtige Menschen kaum noch möglich!

Darmpechabgang

Darmpech nennt man den ersten Kot des Fohlens. Er ist schwarz und extrem hart, weshalb es vor allem Hengstfohlen schwerfällt, ihn durch die von den Beckenknochen gebildete Knochenpforte hindurchzudrücken. Stutchen haben es da leichter, weil ihre Beckenpforte im Hinblick auf spätere Geburten weiter ist.

Fohlen mit Darmpechproblemen legen sich oft hin und stehen wieder auf, pressen minutenlang verzweifelt und mit verspanntem Rücken. In extremen Fällen kann es dabei zu

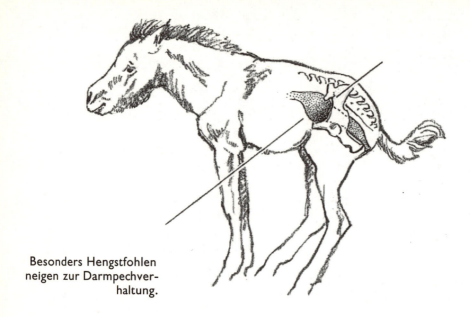

Besonders Hengstfohlen neigen zur Darmpechverhaltung.

einem Darmriß kommen. Zur Vorbeugung werden Hengstfohlen in vielen Gestüten mit Paraffinöl und Rizinusöl behandelt (300 ml Mischung aus Muttermilch, Paraffinöl, zwei Löffel Rizinusöl). Sanfter wirkt die Eingabe von Leinsamenschleim. Auch Fertigklistiere aus der Apotheke können helfen. Auf keinen Fall sollten Sie dagegen versuchen, feststeckende Kotstücke mit harten Gegenständen aus dem After zu entfernen. Pferdedarm ist sehr empfindlich und Fohlendarm besonders!

Bedeckung in der Fohlenrosse?

Falls Sie Ihre Stute gleich wieder belegen lassen wollen, müssen Sie in den ersten Lebenstagen des Fohlens entscheiden, ob sie in der Fohlenrosse oder erst drei Wochen später gedeckt werden soll.

Die Fohlenrosse erfolgt etwa neun Tage nach der Geburt, und es heißt, daß eine Neubedeckung in dieser Zeit besonders erfolgversprechend sei. Tatsächlich entspricht das nicht der Wahrheit. Laut englischen Veröffentlichungen werden nur 40 Prozent der in der Fohlenrosse gedeckten Stuten tragend und bekommen ein gesundes Fohlen. Fruchtresorption und Trächtigkeitsprobleme sind bei früh wieder gedeckten Stuten wesentlich häufiger als bei anderen. Die Hauptfunktion der Fohlenrosse ist die Reinigung der Gebärmutter und der Geburtswege. Die abgesonderten Sekrete wirken kleinen Infektionen entgegen. Für eine neue Bedeckung ist drei Wochen später der

Jedes Jahr ein Fohlen?

In freier Wildbahn fohlt eine Stute nur selten Jahr für Jahr. In aller Regel wird sie nur alle zwei bis drei Jahre trächtig, und auf keinen Fall wird sie in der Fohlenrosse belegt. Das würde nämlich bei einer elfmonatigen Tragzeit bedeuten, daß die Fohlen jedes Jahr einen Monat früher zur Welt kämen und so irgendwann im tiefsten Winter fallen würden.

In der Obhut des Menschen, bei besserer und regelmäßiger Futterversorgung und rechtzeitigem Absetzen der Fohlen sieht das natürlich etwas anders aus. Es ist durchaus möglich und üblich, die Stute einen Monat nach der Geburt des Fohlens neu belegen zu lassen. Untersuchungen bei Rennpferden haben allerdings ergeben, daß die meisten Champions aus Müttern stammen, die vor ihrer Geburt ein Jahr nicht gedeckt waren. Und das trotz der Intensivpflege in Rennställen — das sollte zu denken geben!

Besonders wenn Sie vorhaben, die Stute während des Zuchteinsatzes auch noch zu reiten, ist deshalb eine Belegung im Zweijahresrhythmus pferdefreundlicher und verspricht auch bessere Ergebnisse.

---

bessere Zeitpunkt. Dann verkraftet auch das Fohlen die Reise ins Gestüt besser.

Sie gehen allerdings immer ein Risiko ein, wenn Sie mit einem so jungen Fohlen reisen oder es gar einem Stallwechsel durch den Umzug ins Gestüt unterziehen. Für Züchter, die keinen eigenen Hengst auf dem Hof haben, gibt es keine wirklich fohlengerechte Möglichkeit der Wiederbelegung der Stute.

Während der Fohlenrosse treten beim Fohlen meist Durchfälle auf, die durch spezielle Inhaltsstoffe in der Stutenmilch, aber auch durch eine Infektion mit Zwergfadenwürmern verursacht werden. Fohlen nehmen die Larven dieser Parasiten über die Muttermilch, mit der Einstreu oder über das Herumknabbern am Kot der Mutter auf. Grundsätzlich sollte deshalb am 10. Tag nach der Geburt erstmalig entwurmt werden, danach wöchentlich bis zur achten Woche. Anschließend erhalten Fohlen und Jährlinge alle zwei Monate eine Wurmkur mit Breitbandwirkung. Die Einhaltung dieses Entwurmungsplanes ist für ihre gesunde Entwicklung sehr wichtig!

Weitere Gesundheitsvorsorge

Fohlen reagieren auf alle Mißstände in der Pferdehaltung deutlicher als erwachsene Tiere. Zugluft im Stall, zu hohe Luftfeuchtigkeit (über 75%), feuchte, verschimmelte Einstreu führen zu Lungenerkrankungen. Wenn das Fohlen nicht mehr

Wurmkuren sind überaus wichtig.

trinkt, müde herumsteht, Fieber hat oder sogar hustet, muß sofort ein Tierarzt zugezogen werden.

Die sicherste Methode, Erkrankungen der Luftwege zu vermeiden, ist die Haltung von Stute und Fohlen auf der Weide und im Offenstall. Fohlen sind zwar auch kälte- und nässeempfindlich, aber normalerweise wird die Mutter mit ihnen den Unterstand aufsuchen, wenn es ungemütlich wird. Das sollten Sie jedoch beobachten.

Wenn Ihre Stute aus irgendwelchen Gründen (extreme Umstellungen wie etwa bei Import, womöglich aus Übersee, Angst vor Menschen und ihren Behausungen, Angst, die neu gewonnene Freiheit auf der Weide wieder zu verlieren und erneut aufgestallt zu werden) den Stall meidet, so müssen Sie eingreifen. Idealerweise sollten die Stuten solche Probleme aber schon überwunden haben, bevor sie gedeckt werden. Fohlen lernen von ihren Müttern. Wenn die Mutterstute sich vor Menschen fürchtet, wird es schwierig sein, zu dem Fohlen ein vertrautes Verhältnis aufzubauen.

Eine weitere häufige Fohlenerkrankung ist Durchfall. Bei nicht gestörtem Allgemeinbefinden und normaler Körpertemperatur (beim Fohlen 38,2–38,8°C) sind Durchfälle im allgemeinen nicht gefährlich und behandlungsbedürftig. Ihre Ursache liegt meist in zu fetter Milch, Futterumstellung der Mutter oder ähnlichem. Manchmal wird Durchfall auch durch den Genuß von altem, verwurmtem Kot ausgelöst. Es ist normal, daß ein Fohlen frischen Kot seiner Mutter aufnimmt. Das hilft beim Aufbau der Darmflora. Mehrere Tage alter Mist ist jedoch schädlich. Misten Sie in einer Haltungsanlage, in der Fohlen stehen, also täglich aus!

Gefährlich wird es erst bei infektiösem Durchfall. Benachrichtigen Sie den Tierarzt sofort, wenn das Fohlen Fieber bekommt bzw. wenn ein Durchfall über fünf Tage anhält.

> **Wann zahnt ein Fohlen?**
> Schon bei der Geburt hat das Fohlen die ersten Zähne. Die drei Milchbackenzähne sind gerade durchgebrochen, wenn es zur Welt kommt. Danach in der
> 1. Woche: Durchbrechen der Milchzangen,
> 3.–8. Woche: Durchbruch der benachbarten Milchmittelzähne,
> 5.–9. Monat: Milchschneidezähne.
> Im Alter von
> 2½ Jahren: Erster Zahnwechsel zum bleibenden Gebiß – Zangen und vordere Backenzähne. Das Jungpferd hat dabei Kauschwierigkeiten und manchmal etwas Zahnschmerzen.
> 3½ Jahren: Wechsel der Eckschneidezähne,
> 5½ Jahren: Alle Zähne sind gewechselt.
> Natürlich gibt es individuelle Abweichungen von diesen Angaben. Besonders Robustrassen brauchen manchmal etwas mehr Zeit, bevor sie wechseln.

Schutzimpfungen

Wenn Sie Ihr Fohlen gegen verschiedene Krankheiten impfen lassen wollen, so können Sie die Grundimmunisierungen vornehmen lassen, wenn es drei bis fünf Monate alt ist.

Dabei sollten Sie auf keinen Fall auf eine **Tetanusimpfung** verzichten, die dem Pferd einen qualvollen Tod ersparen kann.

In tollwutgefährdeten Gebieten ist die **Tollwutimpfung** ein Muß. Weiterhin kann gegen **Virushusten** und **Rhinopneumonitis** (**Virusabort**) geimpft werden.

Wichtig: Beachten Sie die Zeiten für die Wiederholungimpfungen. Eine einmalige Immunisierung nützt gar nichts. Nur wenn Sie die Impfintervalle genau einhalten, sind die Tiere geschützt.

Die »gute Kinderstube«-Fohlenerziehung

Es ist eigentlich nicht viel, was ein Fohlen in den ersten 12 Monaten seines Lebens lernen muß: Halfter tragen, anbinden, sich vom Boden und vom Reitpferd aus führen lassen und Hufe geben. Diese Lektionen sind aber wichtig für sein ganzes Leben. Die Art, wie sie gegeben werden, bestimmt die Einstellung des jungen Pferdes zum Menschen. Schon jetzt wird entschieden, ob es einmal ein leicht erziehbares, lockeres und unkompliziertes Reitpferd oder ein verspanntes Problempferd werden wird.

Fohlen-Erziehung sollte also nicht »nebenbei« und »irgendwie« erledigt werden, sondern liebevoll und wohlüberlegt. Den im folgenden beschriebenen Ausbildungshinweisen liegt die TT.E.A.M.-Methode (Tellington-Jones Equine Awareness Method) der kanadischen Reitlehrerin und Pferdeausbilderin Linda Tellington-Jones zugrunde. Gewaltlose Erziehung, Lernen ohne Angst und Druck sowie Partnerschaft zwischen Reiter und Pferd stehen dabei im Mittelpunkt, gefördert durch den »Tellington-Touch«, Bodenarbeit und »Reiten mit Bewußtheit«. Indem man Angst und Verspannungen, Mangel an Gleichgewicht, Unbequemlichkeit und Schmerzen bei Pferden und Reitern von vornherein entgegenwirkt, wird ein Verhältnis von Verständnis, Vertrauen und Respekt aufgebaut.

Eine intensive Beschäftigung damit kann jedem Züchter (und Reiter) nur empfohlen werden.

So macht man Fohlen halfterzahm

Wenn man jeden Tag sein Pferd aufhalftert, macht man sich keine Gedanken darüber, wie kompliziert das Anlegen eines handelsüblichen Halfters eigentlich ist. Wie selbstverständlich ziehen wir es unseren Pferden über Nase und Ohren, ordnen ihre Mähne darunter und verlangen, daß sie dabei stillstehen, obwohl die Prozedur eigentlich recht unbequem für sie ist. Die Pferde wehren sich dagegen allerdings selten. Aufhalftern ist für sie genauso Routine wie für uns. Das Halfter gehört zu ihrem Leben.

Das junge Fohlen hat diese Abgeklärtheit noch nicht. Es sieht keineswegs ein, daß es ruhig stehen soll, während wir mit einem harten Leder- oder Nylonteil in seinem empfindlichen Gesichtsbereich herumhantieren. Nur die wenigsten Fohlen lassen sich schnell und bereitwillig am Kopf, an den Ohren und im Nakkenbereich berühren. Der Versuch, ihnen dort »etwas anzuhängen«, macht ihnen erst recht angst und bringt sie in Panik.

Verzichten Sie deshalb auf die üb-

Tellington-Touch

Tellington-Touch ist die Sammelbezeichnung für verschiedene, meist kreisende Berührungen des Pferdekörpers, ausgearbeitet von Linda Tellington-Jones. Die Handgriffe dienen dazu, Verspannungen und Berührungsängste der Tiere aufzuspüren und ihnen entgegenzuarbeiten. Man wirkt dabei auf die Nervenenden ein und aktiviert Gehirnzellen. Die Touches können entweder beruhigend oder anregend wirken. Darüber hinaus vermitteln sie dem Tier ein besseres Körperbewußtsein. Ein mit Touch behandeltes Fohlen bewegt sich zum Beispiel geschickter und entwickelt eine bessere Huf-Auge-Koordination.

TT.E.A.M.-Ausbildung — ideal für die Fohlenerziehung

liche Methode, ein Fohlen zum Aufhalftern gewaltsam festzuhalten oder gar in eine Ecke zu treiben. Damit säen Sie nur Mißtrauen und Furcht. Nehmen Sie sich statt dessen Zeit, das Aufhalftern sorgfältig vorzubereiten, indem Sie Ihr Fohlen an den »Gedanken, ein Halfter zu tragen« gewöhnen.

Idealerweise beginnt die »Halftergewöhnung« Ihres Fohlens am ersten Lebenstag. Es sieht Ihnen zu, wie Sie die Mutter anhalftern und führen, und lernt, sich von Ihnen berühren und kraulen zu lassen. Tasten Sie sich dabei ruhig schon in Richtung Kopf und Ohren vor, wenn das Fohlen es erlaubt. Falls Sie den Tellington-Touch beherrschen, wenden Sie ihn an.

Legen Sie sich für den Anfang kein Fohlenhalfter zurecht, sondern nur einen dicken, langen und weichen Baumwollstrick. Sie bekommen so etwas preiswert in Geschäften für Bootsbedarf. Diesen Strick nehmen Sie nun dazu, wenn Sie Ihr Fohlen berühren und kraulen. Lassen Sie es ausgiebig daran schnuppern und ihn auch mal ins Mäulchen nehmen,

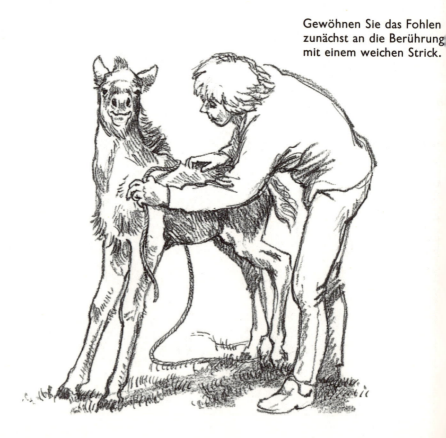

Gewöhnen Sie das Fohlen zunächst an die Berührung mit einem weichen Strick.

wenn es das möchte. Wenn es daran zieht und der Strick sich bewegt, ist das schon der erste Lernerfolg in Richtung »Das Pferd soll nicht scheuen, wenn etwas hinter ihm herschleift«.

Fügen Sie den Strick nun zur Schlaufe zusammen und legen Sie ihn dem Fohlen um den Hals. Dabei machen Sie zunächst keinen Knoten, denn der Strick soll sich sofort lösen, wenn das Fohlen Angst bekommt. Streicheln, kraulen oder »touchen« Sie weiter und loben Sie das Fohlen dabei überschwenglich. Führen Sie den Strick höher zum Fohlennacken. Berühren Sie den ganzen Fohlenkörper mit dem Strick.

Wenn das Fohlen dabei ruhig stehenbleibt, binden Sie ihm den Strick locker um den Hals. Dabei verwenden Sie selbstverständlich einen Knoten, der sich mit einem Zug lösen läßt.

Wenn Sie nun weiterkraulen, legen Sie Ihren Schwerpunkt auf Kopf und Nacken. Sie gewöhnen das Fohlen damit daran, im Nackenbereich einen Druck zuzulassen. Sehr schnell wird das Fohlen lernen, den Kopf zu senken, wenn Sie es im Nacken mit sanftem Druck massieren. Das ist eine sehr wichtige Übung für späteres Anbinden, denn es wirkt dem Reflex entgegen, auf Nackendruck mit Hochwerfen des Kopfes und Rückwärtsziehen zu reagieren. Zudem lernt das Fohlen damit auch kampflos Unterwerfung unter den Willen des Menschen. Wenn es auf Ihren Wunsch den Kopf senkt, erkennt es Sie als höherrangig an.

Streicheln Sie das Fohlen nun

Der Strick wird dann um den Hals des Fohlens gelegt und locker gebunden.

auch im Stirnbereich und fassen Sie seine Ohren an. Letzteres bitte nicht zu zaghaft – das kitzelt! –, aber auch nicht brutal. Bearbeiten Sie das Ohr mit kleinen, kreisenden Fingerbewegungen, nehmen Sie es »in die Hand« und ziehen Sie es vom Ansatz bis zur Spitze. Wenn Sie es richtig machen, wird das Fohlen es nach anfänglicher Skepsis genießen.

Als nächsten Schritt zur Halftergewöhnung ziehen Sie die Strick-

Nun trägt das Fohlen ein Strickhalfter.

Das Anlegen des Fohlenhalfters ist schließlich kinderleicht.

schlaufe zum Nacken des Pferdes hoch und legen eine weitere um die Nase. Im Grunde trägt das Fohlen damit bereits ein Strickhalfter. Wiederholen Sie das Anlegen und Wiederabnehmen dieses Behelfshalfters mehrere Male während mehrerer Übungssequenzen. Damit gewöhnt sich das Fohlen daran, im Kopfbereich berührt zu werden und den Strick dort zu dulden.

Nun ist es kein Problem mehr, das Fohlenhalfter anzulegen. Bevorzugen Sie möglichst ein Modell, das dem Fohlen nicht über die Ohren gezogen, sondern das über den Nakkenriemen geschlossen wird.

Wenn Sie das Fohlenhalfter nun erstmalig angelegt haben, bewundern Sie das Fohlen ausgiebig, streicheln und kraulen Sie es – und nehmen Sie das Halfter sofort wieder ab! Es ist eine weit verbreitete Unsitte, einem Fohlen ein Halfter aufzuzwingen und es dann stundenlang damit herumlaufen zu lassen, damit es sich »daran gewöhnt«. So etwas ist bestenfalls ein Intelligenztest: Ein pfiffiges Fohlen wird sehr schnell lernen, wie man sich kunstvoll eines Stallhalfters entledigt, und sich lebenslang an dieser Kunst erfreuen. Schlimmstenfalls ist es eine Todesfalle. Das Fohlen kann mit dem Halfter irgendwo hängenbleiben und sich dabei verletzen oder umbringen. Wenn es sich mit dem Hinterhuf am Kopf kratzt – und das tut es häufig! –, kann sich der Fuß im Halfter verfangen.

Wenn Sie einem Pferd ein Halfter umlegen, so bedeutet das, daß Sie vorhaben, sich mit ihm zu beschäftigen. Es soll damit nicht frei herumlaufen, sondern mit Ihnen arbeiten. Denn auch wenn Sie die Beschäftigung mit Ihrem Fohlen spielerisch angehen: All das Kraulen und Strickanlegen ist Arbeit und erfordert große Konzentration von seiten des

Pferdekindes. Die Beschäftigung mit ihm sollte deshalb auch nie länger als 5 bis 15 Minuten dauern, denn längere Konzentration ist ihm nicht möglich.

Wenn Sie zwei solche Arbeitssequenzen pro Tag einplanen, ist das Fohlen wahrscheinlich in drei bis vier Tagen halfterzahm. Meist kombiniert man die oben geschilderten Übungen auch gleich mit Führtraining (siehe unten!), denn das Tragen des Halfters ist schließlich kein Selbstzweck.

Falls es Ihnen nicht möglich war, Ihr Fohlen gleich in den ersten Tagen an vertrauten Umgang mit Menschen zu gewöhnen, weil die Mutter es abgeschirmt hat, kann es sein, daß es Schwierigkeiten macht, wenn Sie es anfassen wollen. Die muß es überwinden, bevor Sie ihm mit Halfter und Strick zuleibe rücken. Bringen Sie Mutter und Kind dazu in eine Box oder einen kleinen Auslauf und binden Sie die Mutter an. Nehmen Sie nun eine lange Gerte in jede Hand, die als Verlängerung Ihrer Arme dient, und berühren Sie das Fohlen damit. Halten Sie dazu eine Gerte vor seine Brust und fordern Sie es auf stehenzubleiben. Mit der anderen streicheln Sie seinen Körper. Zunächst wird das Fohlen sich sicher verspannen. Wahrscheinlich wird es auch ausschlagen. Ausschlagen als Reaktion auf einen Berührungsreiz ist bei jungen Fohlen sehr häufig. Es handelt sich dabei um einen Reflex, nicht um Ungehorsam, und es sollte nicht bestraft werden. Wenn das Fohlen lernt, sich zu entspannen und

Grundsätzliches zur Beschäftigung mit Fohlen
- Arbeiten Sie nie zu lange. Ein Fohlen kann sich allerhöchstens 15 Minuten konzentrieren.
- Arbeiten Sie in ruhiger Atmosphäre, am besten allein oder mit einem Helfer, auf keinen Fall vor größerem Publikum.
- Binden Sie die Mutterstute immer an, während Sie mit dem Fohlen arbeiten.
- Arbeiten Sie auf überschaubarem Raum, im Auslauf oder in einer Box. Das Fohlen wird zwischendurch sicher einmal scheuen oder spielerisch weglaufen, und dabei soll es sich nicht zu weit von der angebundenen Stute und aus Ihrem Einflußbereich entfernen.
- Sprechen Sie viel mit dem Fohlen und loben Sie es überschwenglich, wenn es seine Aufgabe gut erledigt hat.
- Strafen Sie das junge Fohlen nie! Es kennt den Unterschied zwischen Richtig und Falsch noch nicht, sein gesamtes Verhalten wird von Instinkt und Reflexen bestimmt. Lassen Sie sich aber andererseits auch nicht von ihm kneifen und anknabbern. Es soll von Anfang an lernen, daß es mit Ihnen nicht umgehen kann wie mit anderen Pferden. Schieben Sie es also freundlich, aber bestimmt weg und tadeln Sie es mit einem deutlichen »Nein!«.

Das Fohlen lernt, die Berührung mit der Gerte zu dulden.

schließlich auf Kommando den Kopf zu senken (siehe oben!), gibt sich das von selbst.

Sie können das Fohlen nun zwischen den beiden Gerten arbeiten, indem Sie die Vorstufe zum Führen einüben: Anticken mit der hinteren Gerte und »Marsch!« bedeutet vorwärts gehen. Anticken mit der vorderen an der Brust und »Ho!« bedeutet »Halt«. Damit gewöhnen Sie das Fohlen an erste körpersprachliche Signale, und Sie beschäftigen sich sinnvoll mit ihm. Sehr bald wird es Sie näher heranlassen, und Sie können mit der weiteren Haltergewöhnung vorgehen wie oben beschrieben.

Übrigens: Die Gewöhnung an Gertenberührung ist auch für erwachsene Pferde eine wichtige Übung. Versäumen Sie nicht, sie rechtzeitig mit der Mutterstute durchzuführen, denn wenn diese scheut, während Sie Ihr Fohlen damit vertraut machen, haben Sie schlechte Karten!

Fohlen lernt Führen

Die meisten Fohlenausbilder fordern am Anfang zuviel von ihren Schülern. Da erwachsene Pferde sich führen und anbinden lassen, sobald sie ein Halfter tragen, erwarten sie das auch von ihrem Fohlen. Tatsächlich muß das Pferdekind aber erst lernen, daß man einem Menschen zu folgen hat, wenn er nach dem Führstrick greift, und daß der Druck des Halfternackenstücks hinter den Ohren »Los!« bedeutet. Von Natur aus reagiert es auf diesen Druck nämlich genau umgekehrt: Es wirft den Kopf hoch und zieht nach rückwärts. Druck oder Berührung der Hinterbeine oberhalb der Sprunggelenke, bzw. der Oberschenkelregion ein bis drei Handbreit unter dem Schweif motiviert dagegen zum Antreten (manchmal allerdings auch zum reflexhaften Austreten. Also Vorsicht!). Wenn Sie Ihr Fohlen gewaltlos ans Führen gewöhnen wollen,

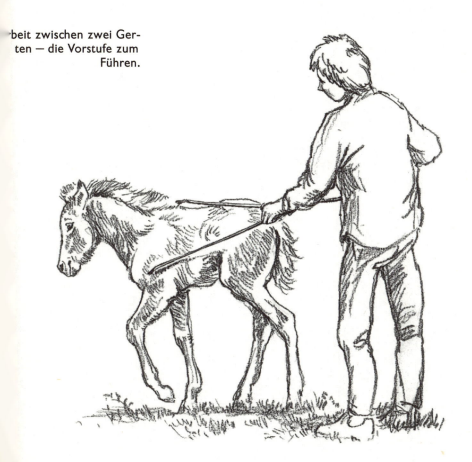

beit zwischen zwei Gerten — die Vorstufe zum Führen.

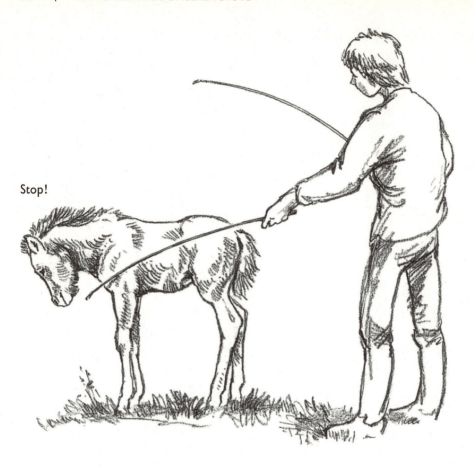

Stop!

machen Sie sich diese Reflexe zunutze. Grundregel: Das Fohlen wird nie gezogen, nur »geschoben«.

Die TT.E.A.M.-Methode verbindet das Anführen mit der Halftergewöhnung. Die Arbeit daran setzt da ein, wo das Fohlen gelernt hat, die Strickschlinge um den Hals zu dulden. Sie legen dazu eine zweite Schlinge um den Körper des Fohlens und machen es nun mit den Worten vertraut, mit denen Sie es in Zukunft anhalten, bzw. zum Antreten bringen wollen. Wählen Sie dazu kurze einsilbige Wörter wie etwa »Ho«, »Whoa« oder »Halt« und »Los!« oder »Marsch!«. Zum Anhalten sind Wörter mit Vokalen, die man langgezogen sprechen kann, besser als das bekannte »Brrr«.

Üben Sie nun etwas Druck mit dem Strick hinter dem Fohlenschweif aus und fordern Sie das Fohlen dabei auf anzutreten. Wenn Sie nicht versehentlich gleichzeitig die Halsleine annehmen und gegen die

Wenn das Fohlen den Strick um den Hals duldet, kann die Führarbeit beginnen.

Fohlenbrust drücken, wird Ihr Lehrling sich nun in Bewegung setzen. Annehmen der Halsleine bedeutet »Halt«.

Diese Trainingsmethode nutzt natürliche Reflexe des Fohlens aus und funktioniert deshalb immer. Nur die Richtung können Sie damit am Anfang nicht bestimmen. Deshalb ist es geschickt, das Fohlen an einem Zaun entlangzuführen. Wenn die Arbeit mit dem Zwei-Schlaufen-Strick klappt, ersetzen Sie die vordere Schlaufe durch das Fohlenhalfter, benutzen aber noch während einiger Übungssequenzen die hintere. Schließlich wird sie durch eine lange Gerte ersetzt, mit der Sie den »Sensorpunkt« unter dem Fohlenschweif antippen.

Mit Gerte und Fohlenhalfter sollten Sie nun einige Zeit weiterarbeiten. Lassen Sie einige Male einen Helfer mit der Stute vorgehen und gewöhnen Sie Ihr Fohlen daran, von Ihnen hinter ihr hergeführt zu wer-

Legen Sie eine zweite Schlinge um den Rumpf des Fohlens.

Artig geht der Lehrling m

FOHLENERZIEHUNG

den. Provozieren Sie dabei keine Kämpfe, indem Sie versuchen, das Pferdekind von der Mutter wegzuführen oder es anzuhalten, wenn sie fortgeht. Für solche Gehorsamsübungen ist es noch viel zu früh, und auf Biegen und Brechen sollten sie ohnehin nicht durchgeführt werden.

Binden Sie Ihr Fohlen aber auch noch nicht am Bauchgurt der Mutter an. Das ist zwar später für die Vorführung bei der Stutenschau wichtig, aber zu diesem Zeitpunkt laufen Sie Gefahr, die eben erreichte Sensibilität und Menschenbezogenheit des Fohlens wieder zu verlieren.

Anbinden

Viele Fohlenerzieher machen aus dem ersten Anbinden einen Machtkampf. Sie legen ihrem Fohlen dazu ein Halfter an, verbinden es mit einem festen Strick und binden das Fohlen an einer Anbindemöglichkeit an, die garantiert nicht nachgibt. Dann überlassen sie es sich selbst und sehen aus sicherer Entfernung zu, wie es einen aussichtslosen Kampf führt, um freizukommen. Bei dieser Methode sind Verletzungen natürlich an der Tagesordnung. Das Fohlen kämpft bis zur Erschöpfung,

Führen Sie das Fohlen zunächst neben der Mutter oder hinter ihr her.

fällt oft hin und behält mitunter eine lebenslange Furcht vor dem Angebundensein zurück.

Dabei gibt es keinen Grund für diese Quälerei, abgesehen davon, daß das Verfahren schnell geht und sadistische Instinkte befriedigt. Mit Ihrem Fohlen sollten Sie auf keinen Fall so verfahren!

Anbinden ist nichts, was ein Fohlen in einer Stunde lernt. Es ist ein langer Prozeß, bis ein junges Pferd so weit daran gewöhnt ist, daß man es längere Zeit angebunden irgendwo stehenlassen kann. Sehen Sie diese Perfektion also als Fernziel. Ihr Nahziel ist, das Fohlen in seinem ersten Lebensjahr so weit zu bringen, daß es brav stehenbleibt, während Sie es putzen, ihm die Hufe auskratzen oder sich sonstwie mit ihm beschäftigen. Bedenken Sie bei jedem Anbindetraining, daß das Pferdekind sich nicht länger als 15 Minuten konzentrieren kann. Länger sollten Sie es auch nicht anbinden.

Das erste Anbinden soll mit positiven Erfahrungen verbunden sein.

Hufe geben wird vom ersten Lebenstag an geübt.

Beginnen Sie mit dem Anbindetraining, sobald Ihr Fohlen gelernt hat, das Halfter zu akzeptieren. Sie schlingen den Anbindestrick dazu zunächst um einen Balken oder ziehen ihn durch einen Anbindering und halten sein Ende fest. Damit bestimmen nämlich Sie, wieviel Druck das Fohlen im Nacken bekommt, und Sie fühlen auch sofort, wann dieser Druck einsetzt. Geht das Fohlen nun also einen Schritt zurück und der Strick zieht sich stramm, geben Sie ihm mit der Gerte oder mit der anderen Hand den Impuls, wieder vorzutreten. Das Fohlen lernt dabei, wie es unangenehmem Druck sinnvoll entgegenwirkt. Wenn Sie das einige Male gemacht haben, binden Sie Ihren Lehrling mit einem Sicherheitsknoten an, geben aber nach wie vor den Impuls vorzutreten, wenn das Seil stramm wird. Nach kurzer Zeit wird das Fohlen dann von selbst richtig reagieren. Wenn es das die ersten Male gemacht hat, hören Sie mit der Nachhilfe auf und lassen es etwas herumexperimentieren. In Panik wird es dabei höchstwahrscheinlich nicht mehr geraten. Falls es aber doch nervös wird, sind Sie ja dabei, um Hilfestellung zu leisten.

Hufe geben

Je früher man damit anfängt, dem Fohlen die Hufe zu heben, desto einfacher ist es. Warten Sie damit also nicht bis nach der Halftergewöh-

Huf-Auge-Koordination

Das Pferdeauge ist so angebracht und aufgebaut, daß es dem Tier fast eine Rundumsicht ermöglicht. Nur einen geringen Teil seines Gesichtsfeldes kann das Pferd aber scharf erkennen. Der größte Teil bleibt schemenhaft. Für das Fluchttier Wildpferd war diese Einrichtung ausreichend. Es mußte nicht genau wissen, ob es gerade von diesem oder jenem Raubtier gejagt wurde. Wenn in seinem Gesichtskreis etwas Bedrohliches auftauchte, floh es – besser einmal zu oft als einmal zu selten!

Von unserem Reitpferd verlangen wir dagegen, daß es nicht kopflos davonrennt, wenn es vor irgend etwas erschrickt. Es soll erstens genau hinschauen, ob die vermeintliche Gefahr wirklich eine ist, und es soll zweitens darauf achten, daß es bei etwaiger Flucht keine Zäune oder gar Autos überrennt.

Schon ein Fohlen sollte folglich lernen, sich interessiert, aber nicht ständig fluchtbereit mit seiner Umwelt auseinanderzusetzen. Die TT.E.A.M.-Methode erreicht das, indem sie das Fohlen gewaltlos ausbildet und schon früh mit Bodenarbeit beginnt. Das Führen des Fohlens über Stangen und Holzbrücken, durch Gassen aus Plastikfolie und anderes mehr fördert das Denkvermögen und die Geschicklichkeit. Zudem macht es Führer und Fohlen Spaß und ermöglicht eine vertrauensvolle Zusammenarbeit zwischen Mensch und Pferd.

Bodenarbeit mit Fohlen macht Spaß.

nung, sondern fangen Sie möglichst am dritten Lebenstag damit an. Bis dahin sollte das Fohlen nämlich geschickt genug sein, sich einige Sekunden auf drei Beinen zu halten. Kraulen Sie das Fohlen, während Sie seine Hufe aufheben, und sprechen Sie mit ihm. Schon jetzt kann es mit dem Kommando »Huf!« oder »Fuß!« vertraut gemacht werden. Im allgemeinen ist es leicht, den Fohlenhuf aufzuheben. Halten Sie ihn aber nur wenige Sekunden hoch und ziehen Sie vor allem die Hinterhufe noch nicht hinten heraus. Am Anfang genügt es, wenn das Fohlen seine Beine brav anfassen und um einige Zentimeter heben läßt. Sie sollten es dafür kraulen und ausgiebig loben.

Hufegeben beim ganz jungen Fohlen muß auch noch nicht perfekt ablaufen. Es ist nicht schlimm, wenn der Lehrling mal dabei wegläuft, weil er das Aufheben der Hinterfüße als Aufforderung zum Antreten interpretiert. Wenn Ihr Fohlen beim Aufheben der Vorderfüße steigt, sollten Sie auch das nicht bestrafen. Es ist wahrscheinlich die Reaktion darauf, daß Sie die Hüfchen zu hoch gerissen haben. Und achten Sie vor dem Aufheben darauf, daß die anderen Hüfchen nicht zu eng beieinander stehen, damit das Fohlen nicht so leicht das Gleichgewicht verliert und sich erschreckt.

Wenn das Fohlen gelernt hat, sich anbinden zu lassen, hebt man ihm die Hufe, während es angebunden ist. Die ersten Male ziehen Sie einen Helfer hinzu. Fohlen neigen nämlich dazu, sich beim Hufegeben in ihr Halfter zu hängen, und wenn man mit ihren Hinterbeinen beschäftigt ist, erkennt man oft nicht rechtzeitig, wann sie Gefahr laufen, darüber in Panik zu geraten.

Wenn das Fohlen drei bis sechs Monate alt ist, sollte der Schmied es sich erstmals ansehen. Zwar ist es nicht üblich, vor dem sechsten Monat zum erstenmal Hufkorrekturen vornehmen zu lassen, aber bei manchen Hufanomalien gibt es da Ausnahmen. Vielleicht lassen Sie Ihre Stute ja um diese Zeit wieder beschlagen, denn wahrscheinlich wollen Sie sie jetzt wieder reiten. Das ist ideal, denn dadurch erlebt das Fohlen gleich einen Beschlag mit.

Stellen Sie aber auf jeden Fall einen Helfer ab, der sich ausschließlich um das Fohlen kümmert, während die Stute beschlagen wird, oder tun Sie das selbst und lassen Sie jemand anderen die Stute aufhalten. Das Fohlen wird sich nämlich nach kurzer Zeit langweilen und dann an seinem Anbindestrick ziehen, die Instrumente des Schmieds erforschen wollen und überall im Weg sein, wenn man es läßt. Hindern Sie es daran, aber schimpfen Sie nicht. Das Fohlen soll den ersten Kontakt mit dem Schmied auf alle Fälle positiv erleben. Auch aus den weiteren Schmiedebesuchen in den ersten Lebensjahren können Sie ruhig eine Kraftfutter-Kraul-Orgie machen. Vielleicht werden Ihre Bekannten das albern finden, aber Ihr Schmied wird Ihnen dankbar sein, denn dadurch erhält er einen lebenslang schmiedefrommen und freundlichen vierbeinigen »Kunden«.

»Stutenschau« — Der erste Auftritt

Damit ein Fohlen Papiere bekommt, muß es in deutschen Zuchtgebieten einer Stutbuchkommission vorgeführt werden. Diesen wichtigen Termin nennt man — je nach Bundesland — »Stutenschau« oder »Fohlenbrennen«, denn dabei erhält das Pferdekind auch seinen Eintragungsbrand. Mitunter wird man Stute und Fohlen auch noch bei weiteren Zuchtschauen zeigen. Meist werden die Fohlen dabei »rangiert«, also nach Schönheit und Gangvermögen beurteilt. Man sollte Mutter und Kind also sorgfältig darauf vorbereiten, denn wohlerzogene Fohlen, die

Nach erfolgreicher Vorarbeit lernt das Fohlen schnell, neben der Mutter zu gehen.

artig neben ihrer Mutter hertraben, kommen meist besser weg als solche, die hier sichtlich zum erstenmal ein Halfter tragen.

Auf den meisten Fohlenschauen wird das Fohlen beim Vorführen an den Bauchgurt seiner Mutter gebunden. Es muß neben ihr hertraben und Schritt gehen können.

Wenn Ihr Fohlen die im vorigen Kapitel beschriebenen Übungen zum Führen und Anbinden absolviert hat, sollte ihm das Führen neben der Mutter keine großen Probleme mehr bereiten. Lassen Sie die Stute von einem Helfer anführen und arbeiten Sie mit dem Fohlen. In den ersten ein bis zwei Übungssequenzen ziehen Sie dazu wieder den Anbindestrick durch den Ring am Bauchgurt der Stute und halten das Ende fest, um Panik als Folge von Nackendruck zu verhindern. Wenn die Stute antritt, geben Sie dem Fohlen mit der Gerte den Impuls zum Vorwärtsgehen.

Lassen Sie es nicht dazu kommen, daß das sich wehrende Pferdekind am Halfter mitgeschleift wird, dann vorwärtsstürmt und unsanft gebremst wird. Ihre Vorarbeit sollte geholfen haben, diese unschönen Szenen zu vermeiden. Im allgemeinen wird das Fohlen in drei oder vier Übungssequenzen lernen, seinen Schritt dem der Mutter anzupassen. Sie können dann ausprobieren, wie schnell Sie die Stute traben lassen können, bevor das Fohlen neben ihr in Galopp fällt. Schließlich soll es sich an seinem großen Tag in möglichst leichtem und schwebendem Trab präsentieren.

Verladen

Wenn Sie einen Pferdetransporter in Reichweite haben, sollten Sie das Verladen von Stute und Fohlen vor dem Schautag üben. Das ist im allgemeinen kein Problem, wenn die Stute gut auf den Hänger geht. Machen Sie sie also verladefromm, bevor Sie mit ihr züchten!

Grundsätzlich muß die Stute zuerst verladen werden, dann das Fohlen. Lassen Sie sich auf keinen Fall auf Verzweiflungslösungen ein wie: »Wir tragen das Fohlen hinauf, und dann kommt die Stute schon nach.« Im Anschluß daran haben Sie zwei hängerscheue Pferde! Ideal ist gleichzeitiges Verladen, aber das funktioniert nur mit gut trainierten Stuten, die Schritt für Schritt auf Kommando auf den Hänger gehen. Wenn Ihre Stute nervös wird, weil sie vielleicht zehn Minuten auf der Klappe stehenbleiben muß, bis der Nachwuchs sich überreden läßt, zu ihr aufzuschließen, lassen Sie das lieber.

Im Normalfall lassen Sie also Ihre Stute von einem Helfer auf den Hänger führen und sicher anbinden, denn sie wird garantiert nervös, wenn ihr Kind nicht direkt nachkommt. Nun führen Sie das Fohlen hinauf. Dazu verwenden Sie normalerweise Halfter und Gerte, aber wenn Ihr Fohlen noch sehr jung ist und das Führen gerade erst gelernt hat, können Sie ruhig die Stricke zur Hilfe nehmen. Gewöhnlich wird das Fohlen bereitwillig auf die Klappe gehen, aber Bedenken zeigen, das Innere des Hängers zu betreten. Versuchen Sie ungefähr fünf Minuten lang, es durch Vorhalten von Leckerbissen, Vorgehen, sanftes Anticken mit der Gerte oder etwas Druck mit dem Strick zum Einsteigen zu veranlassen. Klappt das nicht, so rufen Sie einen Helfer und schieben es mit sanfter Gewalt hinein, bevor es aus Nervosität und Folge von Konzentrationsmangel Angst bekommt und panisch reagiert.

Das hier vorliegende Problem ist dem früher beschriebenen ersten Verlassen der Haltungsanlage ähnlich. Geschrei, Aufregung und Kampf nutzen gar nichts, Angst und Panik festigen das Problem, statt es zu lösen. Wenn es schnell gehen muß, lockert dagegen ein einfaches Anschieben des Fohlens die geistige Barriere. Wenn Sie nicht sofort losfahren müssen, können Sie es auch am nächsten Tag noch einmal versuchen. Das Fohlen ist jetzt schließlich älter als beim ersten Verlassen des Stalles, seine Huf-Auge-Koordination ist – nicht zuletzt durch Ihre Führübungen – besser geworden, und wenn Sie die Mutter ein paarmal hinein- und herausführen, wird der Nachwuchs ihr vielleicht in der zweiten oder dritten Übungssequenz von selbst folgen. Manche Fohlen müssen aber auch fünf- oder sechsmal auf den Hänger geschoben werden, bevor es in ihrem Kopf »klick« macht. Machen Sie sich deswegen keine Sorgen. Zuletzt lernen es alle!

Ideal zum Verladen von Fohlen ist übrigens ein Hänger, der statt Trennwand ein Gestänge aufweist. Das können Sie drinlassen, wenn das Fohlen nicht gerade eine Größe hat, in der es Gefahr läuft, sich daran den Kopf zu stoßen. Bei einem Hänger mit Trennwand muß die Trennwand entfernt werden. Das Fohlen wird auf dem Hänger nicht angebunden.

Es versteht sich von selbst, daß Sie mit Stute und Fohlen im Hänger noch vorsichtiger fahren als sonst. Das Kleine ist noch unsicher auf den Beinen und kann wilde Kurvenfahrten und plötzliche Bremsaktionen nicht ausbalancieren. Polstern Sie Ihren Hänger also gut mit Stroh, damit es sich nicht verletzt, wenn es bei einer eventuellen Notbremsung umfällt.

Mit dem ersten Verladen und der ersten Fahrt legen Sie den Grundstock für lebenslange Verladefrömmigkeit. Fahren Sie also langsam, auch wenn der Autofahrer hinter Ihnen Tobsuchtsanfälle simuliert. Der muß Ihr Fohlen schließlich nicht sein Leben lang verladen!

Schönheitspflege

Vor ihrem Auftritt bei der Stutenschau werden Sie Ihre Mutterstute selbstverständlich putzen und schön herrichten, und natürlich wird sie auch das beste Halfter tragen. Je nach Rasse wird sie frisiert, oder Mähne und Schweif werden eingeflochten. Flechten Sie aber grundsätzlich nur ein, wenn Sie darin Routine haben! Eine ordentlich verlesene, naturbelassene Mähne sieht immer besser aus als zu dicke, ungeschickt gestaltete Zöpfchen. Das gilt um so mehr, wenn Sie auch die Fohlenmähne einflechten wollen. Flech-

Wenn die Mutterstute sich leicht verladen läßt, folgt ihr das Fohlen meist problemlos.

ten Sie auch keinesfalls am Tag vor der Schau. Ihr Fohlen wird sonst die Nacht damit verbringen, seine Mutter wieder in den Normalzustand zu versetzen.

Wenn das Wetter sehr schön ist, können Sie Ihr Fohlen vor der Schau baden. Ansonsten genügt es, das Kleine zu bürsten. Mit seinem flauschigen Fohlenfell wird es ohnehin nicht »glänzen wie eine Speckschwarte«, aber das Fell sollte auch auf keinen Fall schmutzig und verklebt wirken.

Machen Sie sich im übrigen auch Gedanken um Ihre eigene Erscheinung bei der Schau. Wenn es keine besonderen Kleidervorschriften gibt, sind saubere Jeans und schickes Hemd oder Bluse angemessen. Auch Reithosen und Stiefel machen sich gut. Besonders elegant wirkt weiße Kleidung.

Auf der Schau

Fahren Sie am großen Tag rechtzeitig los, aber kommen Sie auch nicht zu früh. Je schneller Ihr Fohlen an die Reihe kommt, desto besser wird es sich konzentrieren. Zehn Minuten vor seinem Auftritt sollte es aber auf jeden Fall Zeit haben, sich auf dem Stutenschauplatz umzusehen. Schließlich ist es zum erstenmal dem Trubel einer solchen Veranstaltung ausgesetzt.

Lassen Sie Stute und Fohlen auf dem Schauplatz nicht an anderen Pferden schnuppern und erlauben Sie niemandem, sie zu streicheln. Die Gefahr, daß sie sich bei Schauen mit irgendwelchen Krankheiten infizieren, ist groß. Deshalb sollten Sie auch gleich nach Hause fahren, wenn Sie mit der Vorführung fertig sind, und die gute Placierung Ihres Nachwuchses erst am Abend feiern.

Die Vorführung läuft im allgemeinen so ab, daß Sie Stute und Fohlen vor den Richtern aufstellen und anschließend im Trab einmal mit ihnen hin- und herlaufen. Oft steht ein Helfer mit einer langen Peitsche bereit, um unwillige Stuten und Fohlen anzutreiben. Sagen Sie ihm freundlich, aber bestimmt, daß Sie seine Hilfe nicht brauchen. Falls Ihr Fohlen Gertenhilfe benötigt, bringen Sie Ihren eigenen Helfer mit, der es genauso behandelt, wie es das gewöhnt ist. Nach dem Trab stellen Sie Ihr Fohlen noch einmal auf und gehen dann hinaus. Wenn alle anderen Stuten und Fohlen Ihrer Rassengruppe vorgestellt worden sind, werden Sie noch einmal hereingerufen. Jetzt gehen alle im Kreis um die Richter herum. Die Richter rangieren die Fohlen nun nach Schönheit. Das beste soll zuletzt ganz vorn laufen. Gehen Sie im Schauring flott vorwärts, damit Ihr Fohlen seinen langen Schritt zeigen kann, halten Sie andererseits jedoch immer eine Pferdelänge Abstand von den Pferden vor Ihnen.

Die flüssige, lockere Vorstellung eines wohlerzogenen Fohlens kann durchaus ein paar Zusatzpunkte bringen. Seien Sie aber nicht zu enttäuscht, falls die Beurteilung durch die Stutbuchkommission nicht ganz Ihren Erwartungen entsprechend ausfällt. Fohlen wachsen sehr unre-

Die Mähne des Fohlens sollte man nur einflechten, wenn man es wirklich gut kann.

gelmäßig, und wenn die Schau gerade in eine ungünstige Wachstumsphase Ihres Fohlens fällt, kommt es vielleicht schlechter weg als verdient. Auch sehr junge Fohlen präsentieren sich oft noch nicht optimal. Die ersten Richtersprüche sollte man deshalb nicht überbewerten.

Das Aufbrennen des Brandzeichens ist bei ruhigen, an den Menschen gewöhnten Fohlen unproblematisch. Manche zucken kaum, wenn sie ihren Brand erhalten. Binden Sie Ihr Fohlen aber auf jeden Fall vom Bauchgurt der Mutter los und halten Sie es während des Brennvorgangs fest, damit es sich nicht verletzt und auch die Stute nicht in Panik bringt, wenn es doch einen Hupfer macht.

Die säugende Stute

Solange Ihre Stute das Fohlen säugt, braucht sie wegen der erhöhten Milchleistung mehr eiweißreiches Futter. Bei ganztägigem Weidegang, idealerweise auf einer Weide mit vielfältigem Gras- und Kräuterbewuchs, sollte sie genügend davon finden. Zur Ergänzung erhält sie ein Vitamin-Mineralstoff-Konzentrat. Nur wenn die Stute dabei abnimmt, muß Kraftfutter zugefüttert werden, am besten ein spezielles Zuchtfutter mit ausgewogenem Eiweißanteil.

Das Fohlen fängt schon in den ersten Lebenstagen an, Gras zu knabbern. So gelangt Rohfaser in den Magen und sorgt dafür, daß die normale Verdauung in Gang kommt. Wenn die Stute Kraftfutter erhält, beginnt das Fohlen nach spätestens vier Wochen, davon zu probieren, frißt aber am Anfang nur winzige Mengen. Nach etwa 10 Wochen kann man ihm etwas Aufzuchtfutter in einer gesonderten Krippe anbieten. Eine Handvoll genügt zunächst, später kann die Ration je nach Rasse des Fohlens, Dauer und Qualität des Weidegangs gesteigert werden. Aber Vorsicht: Durch übergroße Kraftfuttergaben frühreife Jungpferde werden selten ausdauernde, belastbare Reittiere.

Reiten der Mutterstute

Nach etwa sechswöchigem »Mutterschaftsurlaub«, während dessen sich die Stute, das Fohlen und die anderen Pferde der Herde ausgiebig aneinander gewöhnt haben, spricht nichts dagegen, die Mutterstute wieder zu ruhigen Ausritten zu nutzen. Das Fohlen ist nun alt genug, um ein neues Stück seiner Welt kennenzulernen, und wird gern mitlaufen, wenn seine Mutter geritten wird. Leider ist unsere Umwelt heute nicht mehr so sicher, daß man es bedenkenlos mitnehmen kann. Die erste Führausbildung bis hin zum Führen am Bauchgurt der Mutterstute sollte also abgeschlossen sein, bevor Sie zum ersten Ausflug starten. Wenn das Fohlen sie erfolgreich absolviert hat, wird es zumindest im Schritt problemlos als Handpferd mitgehen. An die Mutter binden sollten Sie es nicht, denn es wird immer wieder staunend vor Gullys, Autos oder Gartenzwergen stehenbleiben, worauf Sie flexibler reagieren können, wenn Sie es an der Hand haben. Soweit keine Straße in der Nähe ist, kann das Fohlen frei laufen. Es kommt dann auch im Trab und Galopp gut mit. In den ersten sechs

Monaten bleibt es dabei weitgehend in der Nähe der Mutter. Es läuft allerdings keineswegs ständig an ihrer Flanke, wie der Laie manchmal annimmt, sondern bleibt immer mal wieder stehen oder läuft voraus. Wenn es beginnt, zu selbständig zu werden, ist Freilauf leider nicht mehr möglich. Dann müssen Sie es vermehrt als Handpferd mitnehmen oder zu Hause lassen.

Reiten ohne Fohlen

Viele Reiter meinen, man könne ein Fohlen nicht früh genug daran gewöhnen, allein in der Box oder im Auslauf zu bleiben. Sie glauben, damit seine Selbständigkeit zu fördern. Tatsächlich ist das Gegenteil der Fall. Wer ein Fohlen zu früh ganz oder teilweise von der Mutter trennt, zerstört sein Urvertrauen gegenüber

Mutter und Kind haben Spaß an gelegentlichen Ausritten.

der Welt. Solche Fohlen bleiben zeit ihres Lebens ängstlich und unselbständig. Lassen Sie sich folglich nicht von »Gelobt sei, was hart macht!«-Thesen beeinflussen, sondern führen Sie Ihr Fohlen behutsam in die Selbständigkeit!

Wenn Sie überlegte, pferdegerechte Fohlenaufzucht betreiben, so stehen Stute und Fohlen in einer Herde, möglichst mit anderen Fohlenstuten, idealerweise mit mehreren Pferden verschiedenen Geschlechts und Alters zusammen. Je älter Ihr Fohlen wird, desto weniger ist es auf die Mutter fixiert. Es lernt die anderen Pferde der Herde kennen und schließt Freundschaften. Kleine Hengste schließen sich zum Beispiel gern an erwachsene Wallache an. Das Fohlen lernt, die Herde als seine Familie zu begreifen. Wenn es etwa drei Monate alt ist, kann man langsam damit beginnen, es für kurze Zeit in der Obhut dieser Familie zu lassen und mit der Mutter wegzureiten. Bleiben Sie am Anfang nur wenige Minuten fort und halten Sie sich in Hörweite. Wenn Stute und Fohlen sich an die zeitweilige Trennung gewöhnt haben, können Sie länger wegbleiben. Riskieren Sie bei diesen ersten Ausflügen keine Panikanfälle! Es ist normal, daß Mutter und Kind nacheinander rufen, wenn sie außer Sichtweite geraten, aber wenn der Trennungsschmerz des Fohlens so groß wird, daß es schreiend herumgaloppiert und schweißgebadet ist, wenn Mutter endlich wiederkommt, so ist der Zeitpunkt für die zeitweilige Trennung zu früh gewählt. Sperren Sie Ihr Fohlen auf keinen Fall während des Reitens in eine Box und lassen es darin »die Wände hochgehen«! Damit erzeugen Sie völlig grundlos Traumata.

Wenn Sie die Zeit der Abwesenheit der Stute langsam steigern, während die anderen Pferde »Kindermädchen« spielen, können Sie schließlich sogar ganze Tage mit ihr wegbleiben. Denken Sie dann aber daran, sie zwischendurch abzumelken. Außerdem braucht Ihre Stute, wenn sie säugt und regelmäßig trainiert wird, sehr viel Kraftfutter. Sie kann bis zu der siebenfachen Eiweißmenge benötigen, die sie sonst braucht, um im Training bei Kräften zu bleiben.

Gleichzeitig mit den ersten »Alleingängen« der Mutterstute können Sie auch mit Miniaturausflügen des Fohlens beginnen. Führen Sie es jetzt ruhig einmal von der Mutter weg. Es sollte inzwischen genug Vertrauen zu Ihnen haben, um gern zu folgen. Übertreiben brauchen Sie das allerdings nicht. Wenn das Fohlen mit Ihnen die Haltungsanlage verläßt und sich vielleicht 100 Meter von Mutter und Pferdefamilie entfernt, ist das schon ein großer Schritt in die Selbständigkeit. Ein solches Vorgehen empfiehlt sich auch für die weitere Erziehung des Jungpferdes. Lassen Sie das Fohlen nicht allein zurück, sondern gehen Sie mit ihm allein fort! Das wirkt der Untugend des Klebens wesentlich besser entgegen als gewaltsame Trennungen. Es schafft unternehmungslustige, selbstbewußte Pferde, die bereitwillig neue Wege erforschen und interessiert in Pferdetransporter steigen. Sie

Lassen Sie das Fohlen im ersten Lebensjahr nie ganz allein zurück.

Die ersten Ausflüge führen nur wenige Meter weit von der Mutter weg.

bleiben später furchtlos allein im Stall oder auf dem Hänger, denn ihr Vertrauen in ihre Umwelt ist nie enttäuscht worden.

Übrigens ist es ganz normal, daß Ihr Fohlen Ihnen während der ersten gemeinsamen Ausflüge ständig »auf den Füßen steht«. Es ist der festen Überzeugung, daß es da, wo Sie gehen und stehen, am sichersten ist.

Korrigieren Sie dieses Verhalten behutsam mit Führstrick und Gerte und halten Sie das Fohlen auf Abstand. Und seien Sie z.B. beim Springen über Bäche oder Baumstämme oder wenn ein Scheuen des Jungpferdes zu befürchten ist, auf der Hut. Wahrscheinlich wird Ihr Lehrling genau da landen, wo Sie gerade stehen!

Die Sache mit dem Absetzen

Wann und wie man ein Fohlen absetzt, gehört zu den strittigsten Fragen der Fohlenaufzucht. Die Meinungen schwanken hier zwischen »spätestens nach drei Monaten, schließlich sinkt der Gehalt der Muttermilch schon nach vier Wochen« bis »gar nicht, das regelt sich alles von allein«. Beide Extreme sind natürlich blanker Unsinn. Die erste wird bevorzugt von Warmblutzüchtern geäußert, die nur darauf brennen, ihre Fohlenstute wieder in eine Box sperren und aufs nächste Turnier vorbereiten zu können, die andere von Freizeitreitern, denen es einfach an Haltungsanlagen fehlt, um Fohlen sachgerecht abzusetzen.

tuten setzen ihre Fohlen nicht »von allein« ab.

Selbstverständlich verändert sich der Nährstoffgehalt der Stutenmilch mit dem Älterwerden des Fohlens. Die Milch bietet ihm immer genau die Inhaltsstoffe, die es gerade braucht: sehr viel Nährstoffe in den ersten drei Monaten, in denen das Wachstum am intensivsten ist, später weniger. Theoretisch kann das Fohlen nach drei Monaten auch ganz ohne Muttermilch auskommen. Worauf es aber nicht verzichten kann, ist der Kontakt mit der Mutter. Die Stute bietet ihrem Kind schließlich nicht nur Nahrung, sondern auch Erziehung, Sicherheit – kurz gesagt: »Liebe« – rund um die Uhr. Zu frühes Absetzen mag die körperliche Entwicklung des Fohlens nicht beeinträchtigen, die seelische beeinflußt es dramatisch. Trennen Sie Ihr Fohlen also auf keinen Fall vor dem sechsten Lebensmonat von seiner Mutter!

Die Idee, ein Fohlen gar nicht abzusetzen, kommt den Bedürfnissen des jungen Pferdes auf den ersten Blick besser entgegen. Das Fohlen verbringt ein glückliches erstes Lebensjahr, aber im nächsten Frühjahr wird der Züchter vergeblich darauf warten, daß es von selber aufhört zu saugen! Mutterstuten setzen ihre Kinder nicht von allein ab. Ihre Milch versiegt auch nicht von selbst. In der freien Wildbahn sieht man sehr oft Jährlinge und Zweijährige, ja selbst junge Stuten, die bereits selbst Fohlen führen, bei ihren Müttern saugen. Die jungen Hengste täten das sicher ebenso gern, aber die werden mit Einsetzen der Geschlechtsreife vom Herdenchef vertrieben.

Für die Mutterstuten ist diese lange Saugzeit ihrer Kinder überaus anstrengend. Sie gleichen das ein wenig dadurch aus, daß sie in der Regel nur alle zwei Jahre ein Fohlen führen.

Bei Freizeitpferden, die neben dem Säugen geritten werden und womöglich erneut trächtig sind, grenzt ein Verzicht auf das Absetzen älterer Fohlen an Tierquälerei. Das trifft erst recht zu, wenn ihr Besitzer nicht ordentlich beifüttert, sondern die Vorstellung hegt, die Milch würde versiegen, wenn die Stute knapp gehalten würde. Auch der gesunden seelischen Entwicklung des Fohlens ist ein überlanger Verbleib bei der Mutter nicht zuträglich. Das künftige Reitpferd muß mit spätestens einem Jahr »auf eigene Beine gestellt werden«. Schließlich soll es sein »Leittier« letztlich im Menschen und nicht lebenslang in seiner Mutter sehen!

Das abzusetzende Fohlen sollte also zwischen einem halben und einem ganzen Jahr alt sein. Für welchen Zeitpunkt Sie sich entscheiden, hängt von den Umständen Ihrer Pferdehaltung ab.

Wenn Ihre Mutterstute wieder trächtig ist, sollten Sie das Fohlen zum Beispiel früher absetzen, insbesondere, wenn Sie die Stute auch noch reiten wollen. Frühes Absetzen empfiehlt sich auch dann, wenn Mutter und Fohlen den ersten Sommer allein verbracht haben. Dringender als weiteres Zusammensein mit der Mutter braucht das Fohlen in diesem Fall Kontakt mit jungen Pferden. Es sollte den Winter über auf einem Gestüt untergebracht werden, damit

Im Kennenlernen neuer Freunde ist der Trennungsschmerz bald vergessen.

> **AUF EINEN BLICK**
>
> **Absetzen**
> - Das Absetzen erfolgt zwischen dem sechsten und zwölften Lebensmonat des Fohlens.
> - Mutterstute und Fohlen werden durch zeitweilige Trennungen auf das Absetzen vorbereitet.
> - Zum Absetzen werden Stute und Fohlen außer Sicht- und Hörweite untergebracht.
> - Das Fohlen bleibt nach dem Absetzen mit einem bekannten Pferd zusammen oder kommt direkt in eine Herde Gleichaltriger.
> - Die Stute erhält nach dem Absetzen zwei Tage kein Kraft- und möglichst auch kein Saftfutter. Regelmäßiges Reiten lenkt sie ab und trägt zum Versiegen des Milchflusses bei.
> - Weder Stute noch Fohlen sollten nach dem Absetzen allein stehen. Pferdegesellschaft bietet Ablenkung vom Trennungsschmerz. Eine Wiederzusammenführung der Stute mit dem Fohlen ist vor allem bei früh abgesetzten Fohlen nicht vor drei Monaten ratsam.

es gleichaltrige Spielgefährten findet. Das gilt auch für Fohlen von Pferdehaltern, die ihre Stuten nur im Sommer im Offenstall und auf der Weide stehen haben und im Winter auf Boxhaltung ausweichen müssen.

Längerer Verbleib bei der Mutter empfiehlt sich dagegen, wenn die Mutterstute in Gruppenhaltung im Offenstall steht. Hier gibt es auch selten die Möglichkeit, Mutter und Kind den Winter über zu trennen, weil die Haltungsanlage als Ganzes angelegt und Abtrennung schwierig ist. Im Sommer wird das Absetzen dagegen wesentlich einfacher, denn zu den meisten privaten Offenstallanlagen gehören Pachtweiden, die weit voneinander entfernt liegen.

Sanftes Absetzen

Je früher ein Fohlen von der Mutter getrennt wird, desto größer ist der Trennungsschmerz und desto länger müssen die beiden voneinander getrennt bleiben, damit der Milchfluß nicht wieder einsetzt. Milchfluß wird von den Saugbewegungen des Fohlens am Euter stimuliert. Er versiegt erst, wenn diese mehrere Tage lang ausbleiben und die Stute das Fohlen dabei auch nicht sieht. Die Versuche, Fohlen schmerzlos abzusetzen, indem man sie zunächst nachts in eine Box neben der Mutter stellt und die beiden dann immer länger trennt, funktionieren deshalb nicht. Sie fördern zwar die emotionale Ablösung des Fohlens von der Milchquelle, bringen der Stute aber erhebliche Unannehmlichkeiten durch den Druck im vollen Euter.

Wenn Sie die Erziehungshinweise in diesem Buch beachtet haben, sind Stute und Fohlen durch die zeitweiligen Trennungen während des Reitens gut genug auf den Tag des Absetzens vorbereitet. Weichen Sie dazu also nicht von der üblichen Routine ab, sondern verfahren Sie bei der endgültigen Trennung ebenso wie sonst bei den Ausritten. Am besten nehmen Sie die Stute und eins der anderen Pferde mit auf einen langen Ritt und bringen sie anschließend auf eine entfernte, gut eingezäunte Weide. Das Fohlen verbleibt mit dem Rest der Herde, zu dem möglichst auch andere Fohlen und Jungtiere gehören, in der Haltungsanlage.

Wenn Sie mehrere Fohlen absetzen müssen, tun Sie das nicht gleichzeitig, sondern trennen Sie erst eins von der Mutter und ein bis zwei Wochen später das zweite. Wenn Sie nur die Mutterstute und ein weiteres Pferd besitzen, so sehen Sie zu, daß Sie die Mutterstute ein paar Tage bei Freunden unterbringen. Das Fohlen sollte den ersten Trennungsschmerz wenn eben möglich in Gesellschaft

Natürliche Ablösung

In den ersten Lebenstagen entfernt sich ein Fohlen selten mehr als fünf Meter von seiner Mutter. Wenn es Laufspiele betreibt, trabt und galoppiert es um sie herum. Mit dem Älterwerden des Fohlens vergrößert sich diese Distanz immer mehr. Das Fohlen nimmt Kontakt zu anderen Pferden der Herde auf und tollt mit Gleichaltrigen herum. Es bleibt aber immer in Sichtweite der Mutter und flüchtet an ihre Flanke und ihr trostspendendes Euter, wenn es sich vor irgend etwas ängstigt oder erschreckt. Auch die Saughäufigkeit nimmt mit erstarkender Selbstständigkeit ab. Während das Fohlen am Anfang vier- bis fünfmal stündlich trinkt, kommt es mit sechs Monaten nur noch alle zwei Stunden ans Euter.

In freier Wildbahn stellt das Jungpferd das Saugen bei der Mutter weitgehend ein, wenn ein neues Fohlen zur Welt kommt, also frühestens nach einem Jahr, meist erst nach zwei Jahren. Hengstfohlen werden schon vorher vom Herdenchef vertrieben. Stutfohlen bleiben jedoch bei ihrer Mutter und bilden mit ihr und ihren späteren eigenen Fohlen Stutenfamilien. Sie können dann oft dabei beobachtet werden, wie sie, z.B. nach aufregenden Ereignissen, zu einem raschen Schluck an das Euter der Mutter zurückkehren.

Vom Menschen abgesetzte und später wieder mit der Mutter zusammengebrachte Fohlen finden dagegen zu einem neutraleren Verhältnis zur Mutterstute. Erneute Eutersuche wird bei ihnen selten beobachtet.

bekannter Pferde verbringen. Eine Alternative ist, es direkt in die Fohlenherde zu bringen, in der es dann den Sommer oder den Winter verbringen soll. Der Trubel und die Spannung beim Kennenlernen der neuen Freunde lassen es die Mutter schnell vergessen. Fahren Sie es in diesem Fall aber nicht allein im Hänger in die neue Umgebung, sondern nehmen Sie die Mutter mit, wenn es eben geht.

Bei einem gut vorbereiteten Absetzen leidet die Mutterstute immer ein bißchen mehr als das Fohlen, denn sie hat mit dem Milchdruck zu kämpfen. Sie wird deshalb in den ersten zwei Tagen nach ihrem Fohlen rufen, und wenn es sie hört, wird es antworten. Durch solche »Dialoge« wird der Trennungsschmerz künstlich verlängert. Bemühen Sie sich deshalb, Mutter und Fohlen außer Hörweite unterzubringen.

In den ersten zwei Tagen nach dem Absetzen erhält die Mutterstute kein Kraftfutter, und wenn möglich schränkt man auch die Saftfuttergaben ein. Heufütterung ist in den ersten Tagen günstiger als Gras. In der ersten Woche beobachtet man das Euter der Stute sorgfältig, melkt aber

---

Vorsicht beim Wiedersehen

Hat man Mutterstute und abgesetztes Fohlen kürzer als sechs Monate getrennt, so kann man bei ihrer Wiedervereinigung eine einfache Vorsichtsmaßnahme ergreifen.

Leihen Sie sich dazu von einem Hundehalter ein Stachelhalsband und bringen Sie es so am Nasenriemen des Fohlenhalfters an, daß die Stacheln nach oben zeigen. Das Halfter verbleibt dann — ausnahmsweise! — ein paar Stunden am Fohlenkopf. Versucht das Kleine jetzt zu saugen, piekst es die Mutterstute und wird folglich von ihr abgeschlagen. In der Regel wird es nach ein oder zwei Versuchen aufgeben und sich der inzwischen gewohnten Grasnahrung zuwenden. Tut es das nicht oder macht es gar einen ernstlich unglücklichen Eindruck ob der Ablehnung der Mutter, so ist der Zeitpunkt der Zusammenführung zu früh gewählt. Trennen Sie Mutter und Fohlen in diesem Fall erneut.

Verfallen Sie aber bitte nicht auf die Idee, den Trick mit dem Stachelhalsband anstelle der üblichen Trennung zum Absetzen anzuwenden. Das ist erstens verheerend für die Psyche des Fohlens, das sich plötzlich grundlos abgewehrt sieht. Zweitens stellt es die Mutterstute vor die aussichtslose Wahl zwischen Pieksen und Milchdruck. Sie versteht nicht, weshalb ihr Fohlen ihr plötzlich Schmerz zufügt, statt ihr Euter zu erleichtern, und reagiert oft mit Aggressionen. Zudem stellt ein Fohlen, das tagelang stachelhalsbandbewehrt auf der Weide herumläuft, eine nicht unbeträchtliche Verletzungsgefahr für sich selbst und die anderen Pferde dar.

auf keinen Fall ab, auch wenn man sieht, daß Milch aus dem prallen Euter herausströmt.

Euterentzündungen nach dem Absetzen sind bei Pferden selten. Wenn Sie einen diesbezüglichen Verdacht haben, weil das Euter und der Unterbauch davor unverhältnismäßig anschwellen, schafft ein kurzes Anmelken Gewißheit. Wirkt die Milch flockig und krankhaft verändert, so brauchen Sie einen Tierarzt.

Oft leidet die Mutterstute beim Absetzen mehr als das Fohlen.

Ausblick: Vom Fohlen zum Reitpferd

Jungpferde brauchen Gesellschaft und viel Freiheit.

Ganz schön gewachsen ist Ihr kleiner Absetzer im Verlauf seines ersten Lebensjahres!

Vielleicht ist er hinten etwas höher als vorne, sieht ein bißchen schlaksig und verwegen aus mit seinen langen Beinen und der ausgefransten Mähne, die unter wilden Fohlenspielen zu leiden hatte. Er tobt mit seinen Gefährten über die Aufzuchtweide, rauft um Leckerbissen und liegt dann stundenlang zufrieden in der Sonne. Kein Fohlen mehr — aber auch noch lange kein Pferd!

Mit dem Absetzen von der Mutter wird Ihr Fohlen nicht schlagartig erwachsen. Bis es ganz ausgewachsen und geistig und körperlich voll entwickelt ist, vergehen noch fünf bis sechs Jahre. Die Jahre zwischen null und fünf sind entscheidend für das Leben eines Reitpferdes. In dieser Zeit erfolgt die Grundausbildung, für die Sie mit Ihrer liebevollen Erstausbildung des Fohlens eine gute Basis geschaffen haben. Außerdem werden jetzt wichtige Entscheidungen getroffen: Behalten Sie Ihr Fohlen, oder steht ihm ein Besitzerwechsel bevor? Soll ein Hengstfohlen kastriert werden, oder wollen Sie versuchen, es ankören zu lassen? Eine kleine Stute hat als Dreijährige ihren ersten Schauauftritt. Soll sie danach als Zuchtstute dienen, oder werden Sie sie zunächst anreiten?

In der Zeit bis zum Zureiten braucht Ihr Jungpferd viel Freiheit in Gesellschaft anderer Pferde. Es gehört auf die Weide und in den Offenstall, nicht allein in dunkle Boxen. Das heißt natürlich nicht, daß Sie auf weitere Erziehungsanstrengungen verzichten sollen. Arbeiten Sie mit Ihrem Jungpferd, aber tun Sie es spielerisch: kein stundenlanges Longieren, lieber Bodenarbeit oder Spaziergänge. Im Winter, wenn der Auslauf begrenzt ist, kann es als Handpferd mitgehen. Beziehen Sie den Nachwuchs in Ihr Leben mit den erwachsenen Pferden ein, indem Sie ihn z.B. mit zum Schmied oder zu einem kleinen Turnier nehmen. Bei manchen Freizeitreitertreffen gibt es Halfterprüfungen für junge Pferde.

Verlangen Sie aber nie zuviel von Ihrem Jungpferd. Auch wenn es seiner Mutter bereits über den Kopf gewachsen ist, bleibt es doch ein Pferdekind, dessen Konzentrationsfähigkeit und auch körperliche Belastbarkeit begrenzt ist. Erziehen Sie Ihr künftiges Reitpferd so gewaltlos wie möglich und bringen Sie ihm Geduld entgegen. Wenn es eine Aufgabe in diesem Jahr nicht begreift, so verschieben Sie sie auf das nächste. Das Wichtigste ist, daß Sie und Ihr Pferd Freude an der gemeinsamen Arbeit haben. Dann wird Ihnen schließlich auch das Anreiten wie Spielerei erscheinen, und Ihr Fohlen wird genau das Pferd sein, von dem Sie träumten, als Sie sich zur Zucht entschlossen.

Anhang

1. Deutsche Pferdezuchtverbände

Pferdezuchtverband Baden-Württemberg e.V.,
Heinrich-Baumann-Str. 1–3,
7000 Stuttgart 1

Landesverband Bayerischer Pferdezüchter e.V. und Verband der Kleinpferdezüchter Bayerns e.V.,
Landshamer Str. 11, 8000 München 81

Landespferdezuchtverband Berlin-Brandenburg e.V., Havelbergerstr. 20a,
O-1900 Neustadt/Dosse

Verband hannoverscher Warmblutzüchter e.V.,
Lindhooper Str. 92, 2810 Verden/Aller

Verband Hessischer Warmblutzüchter e.V., Kölnische Str. 48–50, 3500 Kassel

Verband der Züchter des Holsteiner Pferdes e.V., Steenbeker Weg 151,
2300 Kiel 1

Verband der Pferdezüchter Mecklenburg-Vorpommern e.V.,
Speicherstr. 11, O-2600 Güstrow

Stammbuch für Kaltblutpferde Niedersachsen e.V. (auch Noriker),
Lindhooper Str. 92, 2810 Verden/Aller

Verband der Züchter des Oldenburger Pferdes,
Donnerschweer-Str. 72–80,
2900 Oldenburg

Rheinisches Pferdestammbuch e.V.,
Endenicher Allee 60, 5300 Bonn

Pferdezuchtverband Rheinland-Pfalz-Saar e.V.,
Pferdezentrum
6766 Standenbühl

Pferdezuchtverband Sachsen e.V.,
Winterbergstr. 98, O-8036 Dresden

Pferdezuchtverband Sachsen-Anhalt e.V.,
Karl-Marx-Str. 55,
O-3500 Stendal

Verband der Züchter und Freunde des Ostpreußischen Warmblutpferdes Trakehner Abstammung e.V.,
Großflecken 68, 2350 Neumünster

Verband Thüringer Pferdezüchter e.V.,
Thüringer Landesverwaltungsamt,
Carl-August-Allee 1a, O-5300 Weimar

Westfälisches Pferdestammbuch e.V.,
Sudmühlenstr. 33, 4400 Münster

Stammbuch für Kaltblutpferde Niedersachsen e.V.,
Moorgartenweg 21,
3162 Uetze-Hönigsen

Pferdestammbuch Schleswig-Holstein/
Hamburg e.V.,
Steenbeker Weg 151, 2300 Kiel 1

Verband der Pony- und
Kleinpferdezüchter Hannover e.V.,
Johannssenstr. 10, 3000 Hannover 1

Verband der Ponyzüchter Hessen e.V.,
Rheinstr. 91, 6100 Darmstadt

Pferdestammbuch Weser-Ems e.V.,
Mars-la-Tour-Str. 6, 2900 Oldenburg

Zuchtverband für deutsche Pferde e.V.,
Johanniswall 2, 2810 Verden

Wo nicht gesondert vermerkt, werden
Kleinpferde, Haflinger und Kaltblüter
der jeweiligen Bundesländer von den
genannten Verbänden mitbetreut.

2. Adressen anderer Zuchtverbände bzw. Kontaktadressen für die Zucht von Spezialrassen

Achal Tekkiner Verband, Schloßstr. 6,
8221 Gut Ising

American Saddle Horses:
s. Aegidienberger

Verband der Züchter des
Arabischen Pferdes e.V.,
Schellingstr. 14,
3000 Hannover-Kleefeld oder
Herlingsburg 16–18,
2000 Hamburg 54

Verband der Freunde und Züchter des
Pferdes reiner spanischer Rasse e.V.
(Andalusier), Gestüt Radiberg,
8132 Tutzing-Monatshausen

Appaloosa Stammbuch Deutschlands e.V.,
Hauptstr. 59,
8775 Partenskin

Gesellschaft der Freunde, Förderer und
Züchter des Bosnischen Pferdes e.V.,
Eckendorferstr. 44,
5307 Wachtberg-Fritzdorf

Gesellschaft der Freunde und Züchter
des Camargue-Pferdes in Deutschland,
Rhedebrügge 68,
4280 Borken/Westf.

Connemara-Interessengemeinschaft e.V.,
Am Brombeerschlag 3,
8000 München 70

Dartmoor IG, Dartmoor-Gestüt
»Die Pfalz«, 6733 Haßloch/Pfalz

IG Fjord, Zum Tal 20,
6690 St. Wendel

Islandpferde:
IPZV-Geschäftsstelle
Tannenwaldallee 49
6380 Bad Homburg v.d.H.

Verband der Züchter und Freunde
des Friesenpferdes in Deutschland,
Fahrsportzentrum Krefeld,
Gatzenstr. 48, 4150 Krefeld-Verberg

Interessengemeinschaft Knabstrupper,
Mountain-Ranch, 2114 Hollenstedt

Lewitzer Schecken, Gestüt Innleiten,
8209 Schloßberg

Lipizzaner Zuchtverband
Deutschland e.V.,
Veiterberg 16, 8702 Unterpleichfeld

Mangalarga Marchador Vereinigung e.V.,
Elke Schenzel, Kronshof,
2121 Ellringen

Deutsche Morgan Horse
Association e.V.,
Postf. 100131, 7516 Karlsbad

IG New Forest, Postf. 75,
6840 Lampertheim

Paint Horse Club Germany,
5884 Halver-Othmaringhausen

IG der Palomino-Züchter
Deutschland e.V.,
Lohweg 5, 3101 Hohnebostel

Peruanische Pasovereinigung
Deutschland e.V.,
Mittelstedter Str. 30,
6370 Oberursel 4

Deutsches Pinto-Zentralregister,
Alte Schulstr. 13,
2359 Hüttlbek

Deutsche Quarter Horse
Association e.V.,
Hauptstr. 63,
7067 Plüderhausen

Interessengemeinschaft der
Shetlandpony-Züchter e.V.,
Alb.-Mertes-Str. 5A,
4155 Grefrath-Oedt

IG Welsh-Pony und -Cob-Züchter,
Oberstr. 32,
3523 Grebenstein-Udenhausen

3. Fohlenmilch-Notpackungen bei

SALVANA-Werke
Postf. 1160
2200 Elmshorn
Tel.: 04121/8661

4. Vermittlung von Ammenstuten

Verein Pferdehilfe e.V., Buchloe,
Postf. 147, 8938 Buchloe,
Tel.: 08241/4585

Salvana-Notdienst Waisenfohlen/
Mutterstute ohne Fohlen,
Tel.: 04121/8040

Elisabeth von Hohberg,
Kleinpferdezuchtverband Bayern,
Tel.: 089/9269 67 43 (geschäftl.)
und 08132/1495 (privat)

Ulrike Castle, Gestüt Isarland,
Tel.: 08151/89209

5. Individuelle Futterpläne erstellt:

Dipl. Ing. agr. B. Wichert,
Fasanenweg 11a, 2805 Stuhr 1,
Tel.: 04206/9307

6. TT.E.A.M.-Ausbilder im deutschsprachigen Raum

Kontaktadresse für die BRD:

FS-Testzentrum Reken
Frankenstr. 37
4421 Reken 3

Für Österreich:

Annegret Ast
Franz-Josef-Str. 27
A-5020 Salzburg

Register

Abfohlen 48, 50, 55, 56, 57
Absetzen 107, 110, 113
Absperrungen 49
Abstammung 16
Abstammungsnachweis 16, 20
Abwehrstoffe 65
Ammenvermittlung 55, 64
Anbinden 91
Antikörper 50, 64
Artgenossen 17
artgerecht 16, 19, 25
Atemfrequenz 64
Auzuchtbedingungen 22
Aufzuchtweide 14
Auslauf 16, 17, 18, 74, 115

Bauchgurt 91, 97, 101
Beckenbänder 57
Bedeckung 32, 35, 39, 40
Besamung, künstliche 39, 40
Beschlag 95
Bewegungsmangel 17
Blitzen 32
Bodenarbeit 94, 115
Brandzeichen 101

Charakter 14, 25, 27, 32, 78

Darmflora 78
Darmpech 64, 75
Deckbereitschaft 37
Deckhengst 23, 32, 39
Deckstand 39
Deckverletzung 37
Durchfall 77, 78

Eihäute 59, 60
einflechten 101
Eisen 46
Eisprung 29
Elektrozaun 20
Elitestuten 16
Entwicklung, körperliche 10
Ergänzungsfutter 45
Erziehung 20
Euter 49, 65, 66, 113
Euterentzündungen 113
Exterieur 25, 27

Familienpferd 26
Fieber 78
Flehmen 35, 37
Fohlenaufzucht 9
Fohlenbrennen 96
Fohlenerziehung 80
Fohlenhalfter 84, 89
Fohlenlähme 69, 70
Fohlenmilch 55
Fohlenrosse 42
Follikelsprung 29
Fortpflanzungsorgane 30, 40
Freisprung 32, 37
Freizeitpferde 16
Fruchtbarkeit 41
Fruchtbarkeitshormone 29
Fruchtbarkeitsquote 38
Fruchtresorption 42, 76
Futterbedarf 47
Futterpläne 47
Futterumstellung 78
Führstrick 87, 106
Führtraining 85
Fütterung 45
Fütterungsexperten 47

Geburtshilfe 64
Geburtsverlauf 57
Gerte 85, 86, 87, 89, 106
Geschlechtszyklus 29
Gesellschaft 9, 11, 12, 55, 114
Gestüt 20, 31, 39, 50, 76, 108
Gras 45
Größenunterschiede 25
Grundimmunisierungen 79
Gruppenhaltung 21, 110

Haflinger 73
Halfter 80, 87
Halftergewöhnung 82, 83, 86, 88
Halfterprüfungen 115
Haltungsanlagen 16
Handpferd 103, 115
Harztröpfchen 57
Hauptstutbuchstuten 16
Hengsthalter 26, 39
Heu 45, 46
Hinterendlage 63

Huf-Auge-Koordination 94, 98
Hufe 93
Hufe geben 95
Hufkorrekturen 95
Hufrollenentzündung 14

Isländer 10, 14, 22, 24

Karotin 45, 46
Kleben 104
Kolostralmilch 55, 57, 64
Körpertemperatur 78
Körung 23
Kraftfutter 45, 101, 104, 110
Krankheiten 17
Kreuzungen 24
künstliche Besamung 39, 40

Labortest 42
Laufställe 20
Lebenserwartung 10
Leinsamenschleim 76
Leistungsfähigkeit 10
leistungsgeprüft 23
Linda Tellington-Jones 80, 81
Longieren 115
Luftfeuchtigkeit 77

Milchproduktion 65
Möhren 45, 46

Nabelschnur 59, 60
Nachgeburt 68, 69
Nackendruck 97
Nasenbremse 32
Natursprung 32, 37
Notpackung 55

Offenstallhaltung 18

Paarungsverhalten 37
Panik 73, 95
Papiere 23
Paraffinöl 76
Parasiten 77
Prägungsphase 61
Privathengste 35

Rangordnung 32, 56
Resorption 48

Respekt 62
Rizinusöl 76
Robustrassen 32
Rosse 29, 31, 32

Saftfutter 110
Salzleckstein 45, 49, 55
Samenzellen 29, 40
Saugzeit 10
Schmied 95
Spat 14
Spermien 40
Spielgefährten 13
Staatsprämienstuten 16
Stallapotheke 63
Stempelhengste 25
Strickhalfter 84
Stutbuchkommission 96, 100
Stutbuchstuten 16
Stutenmilch 29, 65

Stutenschau 91, 96

Tellington-Touch 81
Temperament 16
Tetanusimpfung 79
Tollwutimpfung 79
Tragzeit 10
Trächtigkeit 14, 43, 45, 47, 48, 49
Trächtigkeitsuntersuchung 41, 42
Treiben 36
Trennung 104
TT.E.A.M.-Methode 80, 81, 88, 94
Tupferprobe 31
Turniersport 26

Ultraschall 41
Unterstände 16
Urvertrauen 103

Verfohlen 45
Verladen 97
Virusabort 79
Virushusten 79
Vitamin A 46
Vitaminmangel 47
Vorbuchpapiere 17
Vorbuchstuten 16
Vorführung 100
Vorspiel 32, 36, 37

Warmblüter 73
Weidegang 18
Weidekameraden 9
Wurmkur 77, 78

Zähne 79
Zöpfchen 98
Zuchtalter 10
Zyklus 29
Zysten 41